「ANTI パーマのアルゴリズム」
お詫びと訂正

本書のP75とP80に誤りがありました。読者の皆様および関係者の方々にお詫びして訂正いたします。訂正は、以下の通りです。下線部が修正箇所となります。

P75

―― アップステムでは根元からのボリュームは出ない ――

根元からボリュームがほしい時は、アップステムに引いてその角度からオンベースで巻き収める。そう習った人は多いと思います。

でもそのように巻き収めても、今、主流の大きなカールやウェーブでは根元からのリッジやボリュームは望めません。大きなカールやウェーブでは「根元付近から」の動きしか出ないのです。

また極端に強いパーマをかけると、根元からのリッジやボリュームは求められますが、それでは限られたデザインにしか対応できなくなってしまいます。さらにステムを90度以上にして巻き収めると、根元にロッド跡がついたりするリスクもあります。

そのため『ANTI』では、従来型のボリュームを出すためのアップステムは今の主流のデザインでは考えにくく、根元付近から動きを出すためにステムを上げる際も、オンベースよりもやや角度を下げ、オフベース気味に巻き収めることが多いです。

これは中間巻きでも同様で、乗せ、ずらしのいずれの場合もステムを下げて巻くことが多いのです。このように巻くことによって、大きなカールやウェーブが、自然な「根元付近」からの動きとして出るので、ナチュラルなクセ毛のような質感が表現しやすくなります。

〈中間巻きのアップステム〉

〈従来のアップステム〉
この角度で巻き収めると、根元にロッドの跡がついたり、髪の落ちる位置が分からなくなったりするリスクがある。そのためサロンではほぼ使わない。

ステムを持ち上げ、頭皮に対して90度(オンベース)で巻く。

巻き収め
根元からのボリュームは大きなカールやウェーブでは出せないが、引き出した角度に対して自然なつながりのある動きが出せる。

〈中間巻きのダウンステム〉

頭皮に対して45度以下に引き出して巻く。

巻き収め
毛束の落ちる位置で巻き収めるとステムからの自然なつながりをつくることができる。

P80

ダメージ度合い	カラー履歴の基準	髪の芯
ハイダメージ	主にシス〜サルファイト	ほぼなし
ミドルダメージ	主にシス〜シスチオ	髪の状態によってあり
ローダメージ	主にチオ〜シスチオ	
ノーダメージ		あり

はじめに

この本を「中間巻きの技術本」とだけ思わないでください。

すべての技術は、「出来ないと言われているけれど、本当にそうだろうか？」

「どうして出来ないんだろう？」「パーマ技術の限界か？」

「不可能を可能にする技術を見出せていないだけではないのか？」

不可能と言う事に抱いた疑問は、可能を信じる『好奇心』に火をつける。

その『好奇心』から、いろいろな『閃き』が生まれ、

「どうしたらこういうカールを作れるのだろう？」

「こうしたら？もしかしたら？」

「これは近いぞ！」「なんだ、そうか！」「これだ！」

『閃き』が『ある答え』にたどり着く。

そして、暫くすると「まだ、イケる！」次の『好奇心』が燃え上がり、

尽きることのない『好奇心』の旅が始まる。

私の『好奇心』が『閃き』を呼び、今迄いくつもの技術に出会い、

そして、この本が生まれました。

次は『あなたの好奇心と閃き』が新たな技術を生み出すことを願い、信じています。

「ようこそ！好奇心と閃きの世界へ！」

小松利幸
Toshiyuki Komatsu

THE PERM ALGORITHMS
無造作感はデザインできる
ANTIパーマの アルゴリズム

004　はじめに

INTRODUCTION

008　パーマのアルゴリズムを極めれば
　　　自然でおしゃれなデザインを無限につくることができる

First Section 前編

014　**ANTI流パーマの手技の アルゴリズムを解読する**

016　無造作感デザインにマストな12のワインディング手技

第1章
018　ストランドの"厚み"のアルゴリズム

※この章の動画は、こちらのQRコードから視聴できます！

第2章
028　ロッドと回転数のアルゴリズム

※この章の動画は、こちらのQRコードから視聴できます！

第3章
038　ロッド構成のアルゴリズム

※この章の動画は、こちらのQRコードから視聴できます！

第4章
048　パーマの"仮説思考"

※この章の動画は、こちらのQRコードから視聴できます！

CONTENTS

第5章
058　カットの"削ぎ"のアルゴリズム

＊この章の動画は、こちらのQRコードから視聴できます！

第6章
068　ANTI流 メンズパーマ＆スタイリング

Last Section 後編
076　ANTI流 薬剤コントロール術「KPM」＆パーマ施術の流れを完全解説！

第1章
078　KPMとは？

第2章
082　クルーマネジメントを考える

※この章の動画は、こちらのQRコードから視聴できます！

Case 01　ミドルダメージ毛へスタンダードな施術の流れで対応するケース
Case 02　ハイダメージ毛にケアを重視した施術の流れで対応するケース
Case 03　超ハイダメージ毛にスピーディな施術で対応するケース

巻末インデックス
096　モデルデータベース

※この章の動画は、こちらのQRコードから視聴できます！

118　無造作パーマをデザインするための12のアルゴリズム

120　動画で『ANTI』の手技をマスターしよう！

122　おわりに

INTRODUCTION

パーマのアルゴリズムを
極めれば
自然でおしゃれな
デザインを
無限につくることができる

Design #01
毛先に弾力を持たせ、無造作に動かすリッチカール

ボブのスソに厚みをつくるようなカールをプラス。毛先まで入った曲線で、弾力感と躍動感を表現する。イメージとしてはリッチなカールを無造作に配置し、クセ毛のようなナチュラルさを演出している。

Design #02

クセ毛のようなうねりと
ハネ感で柔らかく動かす

ショートのグラボブベース。このウエイトポイント周辺にクセ毛のようなハネ感と動きをつけていく。表面は中間巻きと毛先巻きをミックスし、強弱のあるうねりをつくる。全体に柔らかく動かすパーマ。

Design #03

ウェットにまとめた ベリーショートのカーリーヘア

ベリーショートに自然なうねりと、毛先が跳ね上がるようなアクセントをミックスし、カール感を強調する。仕上げはジェルでウェットにまとめ、パーマの質感を出しながらカーリーな質感でまとめる。

Design #04

円すいの中間巻きで「スリーク&エアリー」な抜け感をつくる

マッシュっぽい顔周りと表面にスリークな動きをつけていく。円すいロッドを使った中間巻きで、毛先が緩やかで抜けるように動くスリーク感をつくる。全体に空気感のあるふんわりしたパーマ。

Design #05
風でなびいたような軽さを大きなCカールで演出

表面にフワッとしたうねりをつくり軽さを出しながら、フレームラインはタイトに締めてデザインに抑揚をつける。後ろから前に風が吹いて毛先がなびいたような軽さをパーマでつくるイメージ。

FIRST SECTION

ANTI流パーマの手技のアルゴリズムを解読する

いかにもつくった感じがしない無造作な質感は、
今も昔もおしゃれな女性たちから人気です。
でもこの無造作感は、いざ表現しようとすると、なかなかできないものです。
感覚にまかせて無計画にカールやウェーブを
配置するときれいに見えなかったり、
逆に同じ質感だけを配置すると物足りなかったり……。
実は、無造作感の表現には、ある種の計画性が必要なんです。
ちなみにこのデザイン計画は、いくつかのパーマの「アルゴリズム＝公式」を基に考えます。
そしてこのアルゴリズムは、
無造作感表現に不可欠なワインディング手技とも密接に結びついています。
前編では、合計12個の手技をご紹介します。
これらの手技は無造作デザインには不可欠なものばかりです。
前編は、12の手技をマスターしながら、
同時にパーマのアルゴリズムも理解できるつくりになっています。
それでは、パーマの深くて楽しい世界へ、あなたをお連れしたいと思います！

12 WINDING TECHNIQUES
これが12個の手技だ！

ANTI WINDING METHOD

ピボットポイントからの回転数を**上げる**タイプ

ピボットポイントから**根元も巻き込む**タイプ

さらに**方向性**をプラスしたタイプ

- 3回転の中間巻き
- 2回転の中間巻き＋根元1回転（毛束乗せ）
- 2回転の中間巻き＋根元1回転（毛束ずらし）
- 2回転の中間巻き（毛束乗せ）
- 2回転の中間巻き（毛束ずらし）
- リバース逆巻き
- フォワード逆巻き
- 円すいの細いほうに巻きつける中間巻き
- 円すいの太いほうに巻きつける中間巻き
- 毛先上出し
- 毛先下出し

さらに**ロッドの形状**を変えたタイプ

方向性と**使用ロッド**を複合したタイプ

- ツインウェーブ

ピボットポイントからの回転数を**下げる**タイプ

回転の中間巻きがベース

ワインディングは、「ストランドを取る」→「ロッドに巻きつける」というのが基本の動作です。その際は、常に事前に「狙いのカールをイメージする」ことが大切です。

『ANTI』のワインディング手技は、上の流れの「狙いのカール」の形状をつくることを逆算した形で生まれました。その最もベースとなる手技が、2回転の中間巻きです。

2回転の中間巻きは大きなCカールになるのが特徴で、この形状を正確につくるには、いくつかのパーマのアルゴリズム（＝公式）を理解する必要があります。

アルゴリズムと言っても、そんなに難しいことではありません。

これらは美容師なら誰もが持っている指先の「皮膚感覚」などを使って判断するものです。

そのため、この皮膚感覚が鋭敏な人ほど、思い通りのパーマ表現が早くできるようになります。もちろん、指先の感覚に自信がない人でも段階を踏めば必ず理解できるものばかりなので安心してください。

上に、このアルゴリズムをベースとしてそれぞれ派生していったワインディング手技をまとめています。まずはざっと眺めて、どんなラインナップか見てみてください。

それぞれの特徴を理解し、使い分ける

さらに次のページでは、本書でご紹介する12の手技の特徴と仕上がり感を一覧でまとめています。

まずはそれぞれの特徴を大まかに理解し、自分ならどう使うかをイメージしてみてください。場合によっては、イントロダクションのパーマデザインのどこにどの手技が使われているかを想像してみるのもよいでしょう。

ちなみに本書では、仕上がりの毛束の形状がSの字に満たないものを「カール」、Sの字以上の形状になるものを「ウェーブ」と定義しています。

そうした部分も頭の片隅に入れて、12の手技がつくり出す、カールやウェーブの表情を確認してください。

―― 12 WINDING TECHNIQUES ――

無造作感デザインにマストな
12のワインディング手技

Technique #01
2回転の中間巻き 〜毛束乗せバージョン

中間部から毛先に向かって2回転し、その後、根元側の毛束を持ち上げ、巻きつけた毛先側の毛束に乗せる。こう巻くと、大きなCカールが表現できる。『ANTI』の質感表現における基準となる巻き方。

P23-25で解説

Technique #02
2回転の中間巻き 〜毛束ずらしバージョン

中間部から毛先に向かって2回転するところまでは「毛束乗せ」と同じ。毛束ずらしは根元側の毛束を乗せず、そのままゴムかけする。こう巻くと、根元側の毛束を乗せていない分、根元のカールの質感が強くなる。

P27で解説

Technique #03
3回転の中間巻き 〜毛束ずらしバージョン

中間部から毛先に向かって3回転し、そのままゴムかけする。この巻き方で巻くと、ピボットポイントよりも巻きつけた箇所の厚みが厚くなり、毛先のほうにS字のウェーブがつく。デザインにアクセントをつける場合に有効。

P33で解説

Technique #04
2回転の中間巻き＋根元1回転 〜毛束乗せバージョン

中間部から毛先に向かって2回転し、巻きつけた毛束の横にある根元側の毛束を持ち上げ、毛先側の毛束に乗せる。この状態からさらに根元を巻き上げる。こう巻くと、根元側に緩いうねりがついて、毛先側は中間巻き特有のCカールがつく。

P35で解説

Technique #05
2回転の中間巻き＋根元1回転 〜毛束ずらしバージョン

中間部から毛先に向かって2回転するところまでは「毛束乗せ」と同じ。この状態（根元側の毛束が毛先側の毛束の横にずれた状態）で根元を巻き上げる。こう巻くと、根元側にもしっかりとしたうねりがついて、毛先側は中間巻き特有のCカールができる。

P36で解説

Technique #06
毛先上出し

毛先がロッドの上側になるように巻きつけ、1.5〜1.75回転で巻き収める。この巻き方で巻くと、毛先が上に向かってハネ上がる質感が表現できる。デザインのアクセントや抑揚をつける際に有効。

P44で解説

『ANTI』ならではの無造作なパーマ表現に欠かせないワインディング手技をご紹介。
本書では数ある手技の中から、今のデザインに不可欠な12個を厳選してまとめます。

Technique #07　毛先下出し〜毛束ずらしバージョン

毛先がロッドの下側になるように巻きつけ、1.5〜1.75回転で巻き収める。この巻き方で巻くと、毛先がカギ針のような独特なカール感が表現できる。こちらもデザインのアクセントや抑揚をつける際に有効。

P45で解説

Technique #08　リバース逆巻き

リバース方向に中間巻きを行った後、毛束をひねって根元側を逆巻きで巻く。この巻き方で巻くと、ピボットポイントのボリュームを抑えながら、中間からリバースに動く中間巻きのカール感が表現される。

P52で解説

Technique #09　フォワード逆巻き

フォワード方向に中間巻きを行った後、毛束をひねって根元側を逆巻きで巻く。この巻き方で巻くと、ピボットポイントのボリュームを抑えながら、中間からフォワードに動く中間巻きのカール感が表現される。

P53で解説

Technique #10　円すいの細いほうに巻きつける中間巻き

中間部にロッドを当て、径の細いほう(ロッド部＝硬い)に2回転の中間巻きを行った後、根元を径の太いほう(ウレタン部＝柔らかい)に1回転して巻き収める。根元を柔らかい素材に巻くことで、ウェーブの始まりがより柔らかくなる。

P55で解説

Technique #11　円すいの太いほうに巻きつける中間巻き

中間部にロッドを当て、径の太いほう(ウレタン部＝柔らかい)に2回転の中間巻きを行った後、根元径の細いほう(ロッド部＝硬い)にさらに、1回転して巻き収める。毛先は径が大きく、柔らかな素材に巻きつくため、より緩やかで根元は強めの質感になる。

P56で解説

Technique #12　ツインウェーブ

やや根元寄りの位置から中間巻きをして、残った毛先を逆巻きでさらに巻き込む。そのためロッドは2本使用する。こう巻くと、ワッフルアイロンでつくったような、自然なS字の波状の立体感がつく。ANTI流の波巻きウェーブ。

P66で解説

Style #01
質感の出方に強弱を つけて無造作感を出す

根元から動くウェービーなパーマでデザイン。またデザイン上、メインとなるスソはしっかりめ、キーとなる表面は少し緩やかめと、質感の出方に強弱をつけて、無造作感をつけていく。

hair：YUKA
make-up：KAHO（共にANTI）

第1章 ストランドの"厚み"の アルゴリズム

Style #02
ハチ張りを中間巻きで動きに変える

トップのハチ周りがクセの影響で広がり、大きく見えがち。その部分を根元付近から2回転の中間巻きを配置することで、浮きグセを矯正し、トップに動きを出しつつタイトにまとめる。

hair：YUKA
make-up：KAHO（共にANTI）

Style #03

柔らかい動きで全体に躍動感を表現

円すいを使った中間巻きで、柔らかな動きをつくっていく。またセクションで根元を巻き上げる位置を変えることで、質感に抑揚をつけつつ、ナチュラルな躍動感を出す。

hair : TOSHIYUKI KOMATSU
make-up : RYOKA（共にANTI）

> MOVIE

ワインディング時の毛束の厚みに関する内容をまとめた第1章の動画はこちらのQRコードから視聴できます。

CONCEPT

無造作感はある種の
秩序の基に成り立っている

外国人のクセ毛のような質感を出すには、
ある種の「秩序」が必要です。理由は自然には秩序があるからです。
例えば花畑に咲く花だって、一本一本の花びらの形が似ているように
秩序があります。それを基に自由に動くからきれいに見えるのです。
パーマの秩序を考える場合、その最小単位は、
ワインディングで引き出す「毛束」です。
この計算がずれるとデザインが台無しになるほど、毛束は重要な要素。
ここではその計算のアルゴリズムをまとめます。

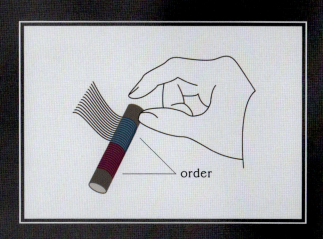

POINT01
ANTI流ワインディングのベーシック

ワインディングを行う際の前提となる基本事項をまとめています。押さえるべきポイントは、大きく3つ。基本中の基本となる事柄なので、しっかりマスターしてください。

セクションとブロック

『ANTI』では、ワインディングをする際、まず頭を大きな区画で分けて、そこから毛束を取る流れで作業を行います。

この時、区分けした大きな区画を「セクション」と呼び、そこから毛束を引き出す小さな区画を「ブロック」と呼びます。なお、引き出す毛束は、そのまま「毛束」と呼んだり、「ストランド」と呼んだりします。

ワインディングを行う際は、このセクション単位で巻いていくのが一般的です。またサイドのようにセクションが左右にまたがる時は、右サイドを巻いたら左サイドというように巻くのが基本です。

セクション内のストランドの厚みは同じ

ワインディングをする際、上記のようにネープ、ミドル、トップとセクションを取ります。このセクションにおいて、引き出すストランドの厚みはすべて一緒。

ちなみに一緒にするのは、ピボットポイントより先の部分（左の写真で持っている所から先の部分）の厚みになります。

ピボットポイントより先の部分の厚みをそろえるので、根元の厚みはバラバラでも大丈夫です。ポイントはパーマをかける部分の厚みを一緒にすること。これがナチュラルな質感を出すための隠れた秘訣です。

ちなみにピボットポイントより先の厚みを意識することで、狙ったウェーブやカールが表現しやすくなります。

無造作感を狙うと言っても、質感表現の中にある程度の規則性や秩序といった基準がないとデザインとして成立しないのです。

> **"ワインディングの厚み"のアルゴリズム**
>
> 同じセクションから引き出すストランドの厚みは、原則、同じにする
>
> ※ストランドの厚み＝ピボットポイントより先の部分に限定

毛束の厚みを指にインプットする

毛束の厚みを判断するのは、目より指先です。指先の「皮膚感覚」で厚みをとらえることが重要です。『ANTI』のパーマレッスンでは、この厚みの判断を覚えることから始まります。

ただし一口に「同じ厚み」と言っても、個人間の差が出てくるものです。『ANTI』では、その差がなるべく生まれないように「2ジャス・トレーニング」というトレーニングを行っています。"2ジャス"とは、「2回転ジャストの中間巻き」の略語です。この巻き方には、一つのアルゴリズムが入っています。詳しくは、P24〜26で解説します。

その前に次のページを見て、2回転の中間巻きの巻き方を覚えましょう。ちなみに『ANTI』の中間巻きには2パターンの方法があります。まずは一番オーソドックスなアプローチである中間巻きの「毛束乗せバージョン」から解説します。

手技を深掘り！
2回転の中間巻き
～毛束乗せバージョン

中間部から毛先に向かって2回転し、その後、根元側の毛束を持ち上げ、巻きつけた毛先側の毛束に乗せる。こう巻くと、大きなCカールが表現できる。いわゆる"2ジャス"とはこの手技のこと。『ANTI』の質感表現における基準となる巻き方。なお、別の手技で「乗せ」と言った場合もこの所作を行っている。

ANTI WINDING METHOD

1 すべての毛束は、まずストランドを取り、求めるカール感をイメージすることから始める。

2 まずピボットポイントとなる中間部にロッドを当て、毛束を1回転巻きつける。

3 2の毛束に重なるようにさらにもう1回転巻きつけ、合計2回転させる。

4 この時、毛先の部分は2回転目の毛束の上に乗せる。

5 この状態でペーパーを当て

6 テールコームを使って全体を包み込んでいく。

7 ペーパーで包んだら、今度はピボットポイントから根元側の毛束の下にテールコームを滑らせ

8 根元側の毛束を持ち上げてロッドをずらし、4で巻きつけた毛先側の毛束の上に乗せる。

9 さらに両手に持ち替えて、ロッドを左右に動かすようにして完全に毛束を重ねる。

10 最後にもう一度毛束の収まった状態を確認し、

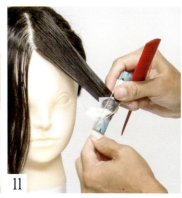

11 ピボットポイントをずらさないようにゴムをかける。

12 巻き上がり。

巻き上がりの毛束は、P25の「2ジャス＝基準の仕上がり」を参照

POINT02
ナチュラルな無造作感をつくる極意
「2ジャス」のアルゴリズム

中間巻きを2回転ジャストで巻いた"2ジャス"の巻き方。ここでは、2ジャスの巻き方の中にあるアルゴリズムを学びます。このアルゴリズムを理解すると、2ジャスで狙うカール感が的確につくれるようになります。

ピボットポイントとは？

「2ジャス」の公式を解説する前に、1つおさらいをしましょう。ピボットポイントについての復習です。『ANTI』が考える中間巻きのピボットポイントとは、毛束を最初にロッドに巻きつけた位置のことを言います。

この位置は、ウェーブが始まる基点になり、狙いの質感のカギとなる部分でもあります。

なおピボットポイントは巻き方で変わります。中間巻きの場合は中間（左の写真では親指の部分）がピボットポイントになります。

中間から毛束を巻きつけた時の厚みに着目!!

ピボットポイントから根元側

赤と青で示した毛束の厚みが一緒！

巻きつけた中間から毛先側

これが「2ジャス」の考え方！

ワインディング時に引き出すストランドの厚みは、一般的には、根元の厚みを基準にして「ロッド幅」とか「ロッド幅の2倍」というような目安で考えると言われます。対して『ANTI』では、ピボットポイントより先の部分の厚みで考えるとお話ししました。

中間巻きにおいてピボットポイントとは「ウェーブが始まる基点」です。またこの基点となる部分は、ワンストランドの中で一番質感が強い部分でもあります。そのため、この部分の厚みが的確でないと、求める質感にずれが出てしまいます。その意味でもピボットポイントの毛束の厚みが重要になるのです。

では、具体的にどんな厚みが正解なのでしょうか。答えは、2回転の中間巻きをした際、ピボットポイントのところの毛束の厚みと、2回転ロッドに巻きつけた中間〜毛先側の毛束の厚みが等しくなるのがポイントなんです。

さらにこの状態で、根元側の毛束を毛先側の毛束の上に乗せて巻き収めると、中間からリッジ感のある大きなCカールをつくることができます。このCカールこそが毛先巻きではつくることのできない、中間巻きならではの質感なのです。

逆に言うと、2ジャスの厚みを取らずに中間巻きをすると、この絶妙な質感は出てきません。『ANTI』ではこの2ジャスをマスターしないと、スタイリストデビューできないという決まりがあります。それほど、この厚みはパーマデザインにおいて中核的な要素となっているんです。

2ジャスで巻く際の"厚み"のアルゴリズム

ピボットポイントのところの毛束と、巻きつけた中間から毛先の毛束の厚みを同じにする

POINT03 「2ジャス」の質感を比較してみよう

前のページで「2ジャス」の厚みが『ANTI』のパーマ表現のコアな要素であることが分かりました。それを前提にここでは、2回転の中間巻きをする際2ジャスの厚みで取った場合と、2ジャスより薄め、あるいは厚めに取った場合の質感の出方を比較してみます。

基準より厚めに取った仕上がり

PLAIN RINSE

NATURAL DRY

2ジャスと比較すると、毛先に弾力のあるリッチなカールが出ている。

2ジャス（＝基準）の仕上がり

PLAIN RINSE

NATURAL DRY

大きなCカールが表現できている。同様のロッドで毛先巻きで2回転してもこのような大きなループのCカールは表現できない。またプレーンリンス時の形状と乾かした後の形状にほぼ差がない。

基準より薄めに取った仕上がり

PLAIN RINSE

NATURAL DRY

3つの中で一番ピボットポイントの質感が強く、毛先のハネ感もある。メリハリのあるカール。

ONE POINT! 2ジャスで巻いたものが正解で、それ以外が不正解というわけではありませんよ。3つの質感には三者三様の特徴があります。ポイントは、それを意図して表現できるかということ。2ジャスはそのための1つの目安なのです。

POINT04 「2ジャス」を極めるトレーニング法

2ジャスの厚みは皮膚感覚で覚えるのが近道です。そこでこのコーナーでは、指先の感覚を使って2ジャスの厚みを覚えるトレーニング法をご紹介。トレーニング法には、準備運動的なものと、それを活用したものの2パターンがあります。

トレーニングその1 指先の感覚を磨く

感覚をつかむまで何度もやってみる

トレーニングはウィッグなどを使って行う。毛束を引き出し、根元から毛先まで指を滑らせてワンストランドの厚みの変化を感じる。左右の指で少なくとも5回は滑らせて厚みの変化を指先でとらえる。

何度も指を滑らせると、どの位置から軽さが入っているかが分かるようになる。2ジャスの厚みを体得するための指先の感覚を研ぎ澄ますトレーニング。

トレーニングその2 厚みを指で覚える

1

2

3

4

上のトレーニングで指先の感覚が鋭くなったら、今度は2ジャスになるように巻いてみる。

2ジャスは、ピボットポイントのところの毛束と、ピボットポイントより毛先側の毛束の厚みが同じになっているのがルール。

実際に巻いた時、指を使ってセクションごとの毛束の厚みが同じかを確認するため、5～6ストランド取ってチェックする。

サロンでは自分だけでチェックせずに、先輩スタイリストなど必ず第三者からもチェックしてもらうのがポイント。

また2ジャスでパーマをかけると大きなCカールになるのも判断の決め手となる。最終的には、同じセクションの毛束を瞬時に2ジャスの厚みで取れるようになるまでトレーニングする。

ONE POINT! 2ジャスの厚みは「何センチ」と測ることはできません。なぜなら髪質やカットの状況によって毛束ごとに微妙に変わるからです。だから答えは「あるロッドを使って中間巻きで巻いた時、2回転ジャストの厚みが根元側の厚みと同じ」という結果からの逆算でしかない。それが遠いようで一番近い方法なのです。

手技を深掘り!
2回転の中間巻き
～毛束ずらしバージョン

もう一つの中間巻きの手技。中間部から毛先に向かって2回転するところまでは「毛束乗せ」と同じ。毛束ずらしは根元側の毛束を乗せず、そのままゴムかけする。こう巻くと、根元側の毛束を毛先側に乗せていない分、根元のカールの質感が強くなる。なお、別の手技で「ずらし」と言った場合もこの所作を行っている。

ANTI WINDING METHOD

1 前ページ同様、まずは求めるカール感をイメージすることから始める。

2 ピボットポイントとなる中間部にロッドを当て、

3 当てたロッドを起点に毛先に向かって毛束を1回転巻きつけていく。

4 さらにもう1回転巻きつけ、合計2回転させる。

5 この時、指で指している巻きつけた毛束と根元側の毛束の厚みが同じことがポイント。

6 その後ペーパーを当て、テールコームを使って整える。

7 さらにピボットポイントをずらさないようにゴムをかける。

8 巻き上がり。

PLAIN RINSE

NATURAL DRY

毛束「乗せ」バージョン（P25中段）と比較すると、ピボットポイントの質感の出方が少しだけ強い。中間から毛先は、同様に大きなCカールが出ている。

第2章
"ロッドと回転数"の アルゴリズム

Style #04

顔周りとバックで
カールに抑揚をつける

ウルフベースで、顔周りに独立したレイヤーが入っている。顔周りは毛先に動きを出し、バックはロングの円すいで毛先が抜けたような大きなウェーブをプラス。スタイルの前後で抑揚をつける。

hair : CHII
make-up : HANAKA（共にANTI）

Style #05

アイロンで巻いたような弾力のあるカール

毛先巻きの回転数を変えながら、アウトラインをつくる部分にアイロンで巻いたような弾力のあるカールを表現。さらに表面には方向を変えた中間巻きを配置し、無造作なうねりをつくる。

hair：YUKA
make-up：MAI（共にANTI）

Style #06

複数の中間巻きを配置し、ランダムな動きをつくる

デザイン上、メインとなるのは、マッシュベースの顔周りの部分。ここに中間巻きと、根元巻き上げ、さらにリバース方向の中間巻きをプラスする。これにより、ランダムな動きを演出する。

hair：CHII
make-up：HANAKA（共にANTI）

MOVIE

ロッドの回転数に関する内容をまとめた第2章の動画はこちらのQRコードから視聴できます。

CONCEPT
ロッドの回転数を時計に例えてみる

『ANTI』では、ロッドに巻きつける毛束を「0.25回転」刻みで調整します。
0.25というと細かい感じがするのですが、
発想を変えるとそうでないことが分かります。
回転数の変化を時計の針に例えると、最初の「0.25回転」は、
時計の小さな針が3時の位置、「0.5回転」になると6時の位置になります。
さらに「0.75回転」になると9時の位置で、
「1回転」で12時の位置になる。
これが『ANTI』での回転数を考える基本になります。

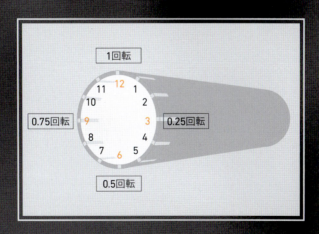

POINT01
求めるカールをイメージするための指標

前章では「手技を行う前に、まず求めるカール感をイメージすることが大切」とお話ししました。そのことを考える場合に必要なのが、ロッドの回転数と仕上がり感を紐づけることです。この章ではまずこの部分を整理し、ロッド選定へのつなげ方をまとめたいと思います。

回転数は同じでも中間巻きと毛先巻きは違う

0.25刻みの回転数と中間巻きのカールの変化を表したのが下の写真①です。左から、1.5回転、1.75回転、2回転、2.25回転となります。

0.25回転違うだけでカールの表情が小さなCカールから大きなCカールに変わってくるのが分かるはずです。ここでは、対比する意味で、同じ回転数刻みで、かつ厚みやロッド径も同じ毛先巻きの形状(写真②)も掲載しています。

2つの巻き方を比較すると、カールのループの大きさが長く大きなCカールになっている所が毛先巻きと大きく違います。

特に中間巻きは2回転の時、大きなCカールになるのに対して、毛先巻きはSウェーブになります。

写真① 中間巻き 1.5回転 1.75回転 2回転 2.25回転

写真② 毛先巻き 1.5回転 1.75回転 2回転 2.25回転

仕上がりと回転数、ロッド選定を紐づける

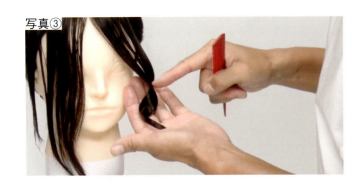

写真③

ワインディングの際、最初にイメージするカールの形状と回転数は概ね上の写真①にリンクします。

ちなみにサロンワークでカールの出方を確認する場合は、ピボットポイント付近を一方の指で確認し、もう一方の手の平にループしている毛束を乗せてチェックします(写真③)。

トレーニングの際には、このループチェックもあわせて必ず行うのがポイントです。そこでカールやウェーブの出方を覚えたら、あとは、巻きつける毛束の長さに合わせて、狙う回転数がつくれるロッド径を選定する。これによりイメージのカールが表現できるのです。

ロッドと回転数のアルゴリズム

仕上がりをイメージして、巻きつける毛束の長さ、回転数を想定してロッド径を選ぶ

ONE POINT! 次のページからは、回転数や巻き方をアレンジした中間巻きの手技をまとめます。仕上がりの形状も含めてチェックしてください!

手技を深掘り！
3回転の中間巻き
～毛束ずらしバージョン

中間巻きの要領で、中間から3回転する。この巻き方で巻くと、ピボットポイントよりも巻きつけた箇所の厚みが厚くなり、毛先のほうにS字のウェーブがつく。デザインにアクセントをつける場合に有効。

ANTI WINDING METHOD

1 ストランドは髪が自然に落ちる位置で取り、コーミングするのが基本。

2 中間部にロッドを当て、1回転し、

3 2で巻きつけた毛束に重なるようにもう1回転し、

4 同様にさらにもう1回転して、合計で3回転させる。

5 こう巻くと、人差し指で指しているピボットポイントの毛束より、親指で押さえている巻きつけた毛束のほうが厚くなる。

6 この状態を崩さないようにペーパーを当て、

7 ゴムをかける。

8 巻き上がり。

PLAIN RINSE

NATURAL DRY

3回転の中間巻きをした状態。中間部にゆるやかなループがついて、毛先に強めのS字のウェーブが出ている。

POINT02
ナチュラルな無造作感をつくる極意
「乗せ」と「ずらし」を起点に根元を巻き上げる

中間巻きには、「乗せ」と「ずらし」の2つがありますが、その状態を起点にして根元側の毛束を巻く応用テクもあります。ここでは、中間巻きの「乗せ」と「ずらし」を復習しつつ、ピボットポイントから根元側を巻き上げる方法について考えたいと思います。

「乗せ」と「ずらし」の復習

〈図① 2回転の中間巻き【毛束ずらし】バージョンの巻き上がり〉

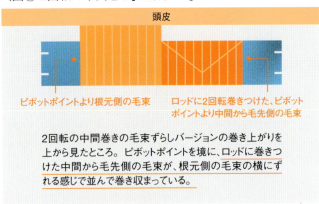

ピボットポイントより根元側の毛束　　ロッドに2回転巻きつけた、ピボットポイントより中間から毛先側の毛束

2回転の中間巻きの毛束ずらしバージョンの巻き上がりを上から見たところ。ピボットポイントを境に、ロッドに巻きつけた中間から毛先側の毛束が、根元側の毛束の横にずれる感じで並んで巻き収まっている。

〈図② 2回転の中間巻き【毛束乗せ】バージョンの巻き上がり〉

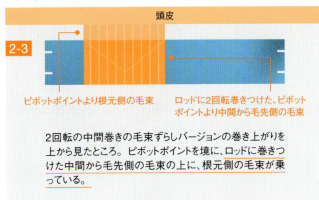

ピボットポイントより根元側の毛束　　ロッドに2回転巻きつけた、ピボットポイントより中間から毛先側の毛束

2回転の中間巻きの毛束ずらしバージョンの巻き上がりを上から見たところ。ピボットポイントを境に、ロッドに巻きつけた中間から毛先側の毛束の上に、根元側の毛束が乗っている。

中間巻きは、毛束「乗せ」バージョンが原型です。ただし、それぞれの特徴を理解するには、毛束「ずらし」のバージョンから考えると理解しやすくなります。

図①が中間巻きの「ずらし」巻き上がりです。濃いオレンジ部分がピボットポイントよりも毛先側の毛束、すなわちロッドに巻きつけたほうの毛束です。

対して、薄いオレンジ部分がピボットポイントより根元側の毛束になります。これが毛先側の毛束と重ならず、横にずれて並んでいるから、「ずらし」と呼んでいるわけです。

これを前提に図②を見てください。こちらは、中間巻きの毛束「乗せ」の巻き上がりです。毛束が1本に集約されているのが分かります（「2-3」参照）。

理由は、吹き出しの図のように根元側の毛束を持ち上げて（「2-1」参照）、毛先側の毛束の上に重ねた＝乗せ（「2-2」参照）、完全に乗った（「2-3」参照）からです。そのため、「乗せ」と呼んで区別しています。この「ずらし」と「乗せ」の状態が、根元側の毛束を巻く際の基準になります。

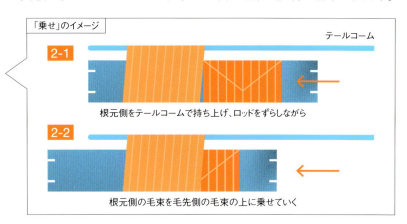

「乗せ」のイメージ

2-1　根元側をテールコームで持ち上げ、ロッドをずらしながら

2-2　根元側の毛束を毛先側の毛束の上に乗せていく

プラス根元への回転という発想

上のコーナーでは、中間巻きをした後、ピボットポイントから根元側の毛束を根元方向に巻き上げる前までを解説しました。

中間巻きでは、この後、さらに根元側を巻き上げるアプローチもあります。本書では、これを「＋〇回転」と表記します。例えば、「2回転の中間巻きをして、さらに根元側の毛束を根元方向に1回転した」場合、「2回転の中間巻き＋1回転」で表します。

巻き上げ方は、「乗せ」＝毛束を重ねた状態で根元を巻き上げる、「ずらし」＝毛束が重ならない状態で根元を巻き上げる、のが基本です。詳しくは、次のコーナーでお見せしますので、しっかりとマスターしてください。

ONE POINT! 根元の巻き上げは、狙いの仕上がりによってはロングロッドなどを使ってスパイラル状にずらしながら巻きつけることもあります。その辺は自由な発想で考えましょう。

手技を深掘り！
2回転の中間巻き＋1回転
～毛束乗せバージョン

ANTI WINDING METHOD

中間部から毛先に向かって2回転し、巻きつけた毛束の横にある根元側の毛束を持ち上げ、毛先側の毛束に乗せる。
この状態からさらに根元を巻き上げる。こう巻くと、根元側に緩いループがついて、毛先側は中間巻き特有のCカールがつく。

1　まず落ちる位置に毛束を引き出し、

2　ピボットポイントとなる中間部にロッドを当て、

3　当てたロッドを起点に毛先側の毛束を2回転巻きつける。

4　ここで根元側の毛束をテールコームで持ち上げ

5　3で巻きつけた毛先側の毛束の上に乗せる。

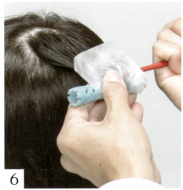

6　この状態でペーパーを当て、

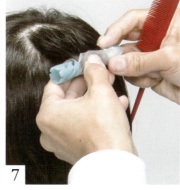

7　根元側へロッドを1回転させる。

8　巻き上がり。

PLAIN RINSE

NATURAL DRY

ピボットポイントを境に、根元側に1回転分の緩やかなループがつきつつ、毛先側は中間巻き2回転のCカールになっている。

手技を深掘り！
2回転の中間巻き＋1回転 〜毛束ずらしバージョン

中間巻きの応用手技の2つ目。中間部から毛先に向かって2回転するところまでは同じ。この状態（根元側の毛束が毛先側の毛束の横にずれた状態）で根元を巻き上げる。こう巻くと、根元側にもループがついて、毛先側は中間巻き特有のCカールができる。

1 まず落ちる位置に毛束を引き出し、

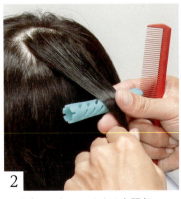

2 ピボットポイントとなる中間部にロッドを当て、

3 当てたロッドを起点に毛先側の毛束を1回転巻きつけ、

4 さらにもう1回転巻きつけ、合計2回転させる。

5 巻きつけた毛先をずらした状態をキープしたまま

6 ペーパーを当て、

7 4で巻きつけた毛先に重ならないように根元側を1回転させる。

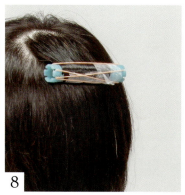

8 巻き上がり。

PLAIN RINSE

NATURAL DRY

根元側に1回転分のループは「乗せ」より強く出て、かつ、毛先側は中間巻き2回転のらせん状のCカールになっている。

COLUMN | パーマのニュースタンダード

"ゴムかけの意味"

お客様が求めるデザインを表現するにあたり、
その時代ごとにパーマ技法も常にアップデートしていくことが大事。
そうした発想から『ANTI』では、日々、技術をブラッシュアップしています。
このコラムではそうした技術の所作のこだわりを紹介します。

ゴムかけの新ルール

ゴムかけを行う目的は、巻いた状態を固定しロッドを安定させること。

ここで問題になるのは、ゴムによる負担です。ロッドをしっかりと固定しようとするあまり、巻き収めの位置よりも深くゴムをかけると、確実に髪に負担がかかります。

場合によってはゴム跡がついたりする、いわゆる「深ゴム」と呼ばれるかけ方です。

『ANTI』では、深ゴムをなくすため、巻き収めの位置にゴムかけするのがルールです。

イメージとしては、ゴムかけした毛束がピンと張らずに、若干フワッとたわむか、さしピンなしでもゴム跡がつかないのが目安です。

このようにゴムをかけると、グラデーションのような余韻のあるカールのスタートになります。

下に従来よくやりがちな深ゴムと、『ANTI』流のゴムかけを比較してみました。トップ周辺と、バックの2箇所で試しています。それぞれの違いを確認し、自分の仕事に役立ててみてください。

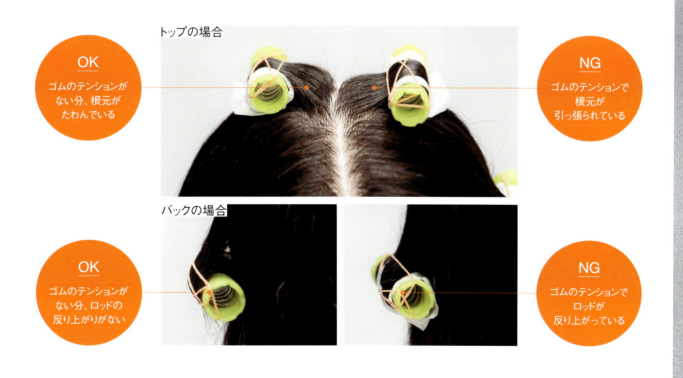

トップの場合
- **OK** ゴムのテンションがない分、根元がたわんでいる
- **NG** ゴムのテンションで根元が引っ張られている

バックの場合
- **OK** ゴムのテンションがない分、ロッドの反り上がりがない
- **NG** ゴムのテンションでロッドが反り上がっている

Style #07

上出し、下出しのコンビで抑揚のあるハネ感を

マッシュボブに低い位置からレイヤーを入れている。このスタイルの顔周りとスソに上出し、下出しのパーマを配置し、抑揚のあるハネ感を演出。これにより、自然な動きを表現している。

hair：RYOKA
make-up：MAI（共にANTI）

第3章
"ロッド構成"のアルゴリズム

ANTI WINDING METHOD

Style #08

ブリーチ毛に"ゆらぎ感"のある質感をつける

表面には、中間巻き特有の大きなCカールを基調とした動きを配置。これにより、スイングしてゆらぐような質感をつくる。またえり足などのアウトラインは外ハネにし、アクセントを加える。

hair : TOSHIYUKI KOMATSU
make-up : MIYU（共にANTI）

Style #09

リバース逆巻きで、
縦落ちのウェーブ感を表現

中間部と毛先部でのダメージ履歴を考慮し、薬剤を塗り分ける。デザインはメインとなる顔周りに、リバース逆巻きと中間巻きの巻き上げをミックスして、縦にらせんで落ちるウェーブ感を表現する。

hair：KAORI
make-up：MIYU（共にANTI）

▶ MOVIE

ロッド構成する関する内容をまとめた第3章の動画はこちらのQRコードから視聴できます。

CONCEPT

デザインづくりには
手がかりとなる目印がある

ヘアデザインを考える際、「頭のここはこんな感じ」のように
デザインの目印にする所があります。
『ANTI』では、これを「デザインパーツ」と呼んでいます。
デザインパーツは、合計5つ（左右で6個）あります（下図参照）。
デザインづくりでは、すべてのパーツに
どんな要素が必要かを思考することからスタートします。
ここでは全体のバランスを見ながら、イメージを膨らませるのが重要。
つまり、イメージのサジ加減が物を言うわけです。

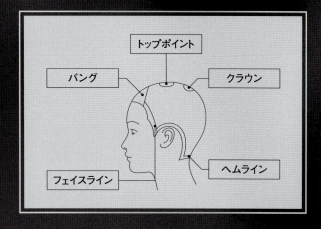

POINT01
セクショニングとデザインを支配する3要素

デザインパーツを理解すると、パーマのセクショニングについての理解が深まります。そこで、ここではまずデザインパーツを前提につくられた『ANTI』のパーマのセクショニングを考え、ロッド構成を考える場合、そこと直結してくるデザインの3要素をマスターします。

パーマのセクショニング

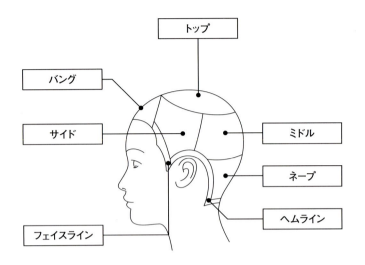

先ほどのデザインパーツを理解したら、それをベースにセクショニングを考えます。『ANTI』のセクショニングは、デザインパーツを意識して区分けしているのがポイントです。

全頭は、大きく7つのセクションに分かれます（詳しくは左の図を参照）。ワインディングをする際は、このセクショニングで分け、デザインパーツを意識しながら巻いていきます。

ちなみに各セクションで巻くロッドの本数は、カールやウェーブのイメージによって変わってきます。

また第1章で解説した通り、ワインディングは、このセクション単位で巻くのが基本です。

デザインを支配する3要素

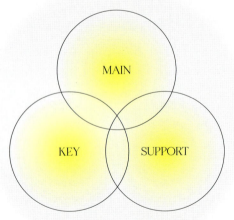

デザインの主役。デザインの印象やポイントとなるセクション。いわばデザイン要素を牛耳る役割。

メインの味つけや、アクセントとなるセクション。これにより、デザインに躍動感や抑揚が生まれる。

メイン、キーの要素を支える、いわば土台のようなセクション。メインとキーのつなぐ役割をするのが大きな特徴。

先ほど解説したデザインパーツに何を入れていくか。この時、3つの要素に分類すると、一気にデザインが見えやすくなります。

その要素とは、「メイン」「キー」「サポート」の3つです。メインとは、その名の通り、デザインのメイン＝主役となる部分。そのデザインを印象づける質感を置く部分が該当します。

続いてキーとは、メインに対して味つけやアクセントをつくる部分を指します。そしてサポートとは、メインとキーを支える土台の役割になります。

デザインをつくる時は、いずれもデザインパーツを起点にこの3要素をパーマのセクションに配分して考えます。

理由は、パーツ＝ズームインして考えるより、セクション＝ズームアウトしてで考えるほうが、デザイン意図が伝わりやすくなるからです。

3要素は、「メインとサポート」だけ、「メインとキーだけ」のように2要素で完結するものもあります。ただしメイン要素のないデザインはありません。

まずはつくりたいデザインを3要素で考え、ロッド構成をイメージしてみましょう。

すると、つくりたいデザインが自然と整理され、イメージと実際の仕上がりとのギャップがなくなるはずです。

ロッド構成のアルゴリズム①

ロッド構成は、「メイン」「キー」「サポート」の3要素で考える

POINT02
ナチュラルな無造作感をつくる極意
「抑揚」と「リズム」

デザインをワンランクアップさせるには「抑揚」や「リズム」を活用するのがポイントです。これらの要素は単調なデザインにある種のアクセントやスパイスを与えてくれ、仕上がりに幅や奥行きをつくってくれます。ここではこうした抑揚とリズムを考えてみます。

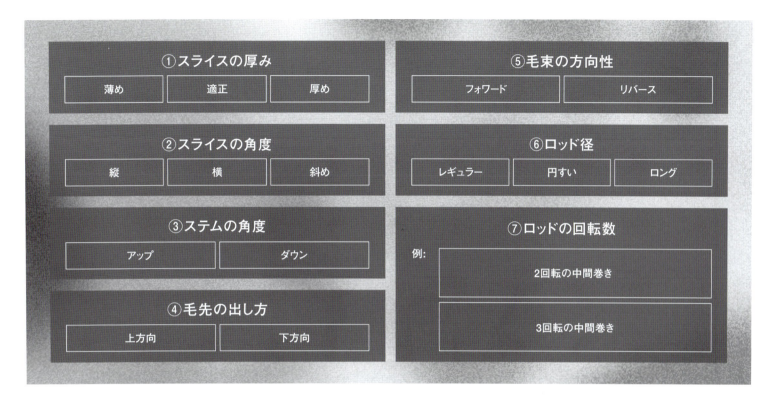

「デザインに強弱をつける」という発想

　皆さんは、デザインにおける「抑揚」や「リズム」という言葉を聞いたことがありますか。
　「抑揚」や「リズム」にはいろんな捉え方がありますが、ここでは、一番ポピュラーな考え方をご紹介したいと思います。
　抑揚とは、「デザインの強弱」と言い換えることができます。そしてリズムは、その「強弱の入れ方」とイメージしてください。
　パーマでデザインの強弱をつくるアプローチには、大きく7つの方法があります。これらはすべてワインディング手技と密接に連動してきます。
　サロンでは、これら7つの方法を複合して使うことがほとんどです。また複合の仕方は、提案するデザインによって変わってきます。
　また同じデザインを提案する場合でも、スタイリストによって複合の仕方は変わったりもします。つまり、やり方は自由で無限にあるということです。
　ただし、注意点が1つあります。それは必ず仕上がりのデザインをイメージし、そこに必要な方法をチョイスすることです。7つの方法は闇雲に使わず、必ず意図を持って使いましょう。
　上に7つの方法を整理しました。まずは7つそれぞれの特徴を理解し、自分ならどう使うかをイメージしてください。

ロッド構成のアルゴリズム②
ロッド構成の中に「抑揚」「リズム」を加えるとクオリティが上がる

ONE POINT!　次のコーナーでは、パーマにおける抑揚表現で使える手技を2つ解説します！

POINT03 手技を深掘り！
毛先上出し

毛先がロッドの上側になるように巻きつける手技。この巻き方で巻くと、毛先が上に向かって跳ね上がる質感が表現できる。デザインのアクセントや抑揚をつける際に有効。巻きつける回転数は、1.5〜1.75回転が有効。

1 ストランドは髪が自然に落ちる位置で取る。

2 ステムを軽く持ち上げながら、ペーパーを当て

3 毛先がロッドの上側に巻きつくように、ロッドを当て

4 そのまません状に巻きつける。

5 回転数は、1.75回転にし、ゴムをかける。

6 巻き上がり。

PLAIN RINSE

NATURAL DRY

毛先が上にクリンと跳ね上がるような躍動感のある質感になる。

POINT04 手技を深掘り！
毛先下出し

ANTI WINDING METHOD

毛先がロッドの下側になるように巻きつける手技。この巻き方で巻くと、毛先がカギ針のような独特なカール感が表現できる。こちらもデザインのアクセントや抑揚をつける際に有効。上出しと同様、巻きつける回転数は、1.5〜1.75回転のものが有効。

1 ストランドは髪が自然に落ちる位置で取る。

2 ステムを軽く持ち上げながら、ペーパーを当て

3 毛先がロッドの下側から出るように巻きつけ、

4 そのままらせん状に巻きつける

5 回転数は、1.75回転以下にし、ゴムをかける。

6 巻き上がり。

PLAIN RINSE

NATURAL DRY

毛先が下方向に向かって跳ねる躍動感のある質感になる。

ONE POINT! 『ANTI』では、毛先2回転以上らせん状に巻きつけたものを「スパイラル」と呼びます。これ以上で巻くと、スパイラルのらせんが形成されるからです。対して、1.5〜1.75回転で巻くと、しっかりとらせんが形成されない分、ランダムな動きが表現できるのです。

POINT05
ウィッグで検証！
抑揚の「あり」、「なし」を比較してみる

この章の最後は、抑揚のある質感とない質感を比較して、パーマの動きの変化を見てみましょう。ここでは、この2つの抑揚表現を例に、抑揚のありなしを比較します。

抑揚表現 その1「形の違い」

「形の違い」でつくる抑揚表現は、例えば毛先の質感なら、先ほどご紹介した「毛先上出し」と「毛先下出し」のコンビ巻きがおすすめです。この2つを組み合わせるとデザインにアクセントが生まれます。ここでは、同じ回転数の毛先巻きだけのものと比較します。

【抑揚あり】
1.5回転の毛先上出しと、
1.5回転の毛先下出しを配置

毛束の動きにバラエティがあり、豊かな印象を受ける。

【抑揚なし】
1.5回転の毛先巻きのみを配置

上と比較すると、毛束の動きが均一な印象。

ONE POINT!
第3章のP38でご紹介しているスタイルでも、この毛先上出しと下出しのコンビネーションが使われていますよ！

PLAIN RINSE　　AFTER

主にこのセクションで使用！

抑揚表現その2「配置の違い」

「配置の変化」でつくる抑揚表現で一番ポピュラーなのが、方向違いを配置するパターンです。具体的には、スパイラルで巻いた時、フォワード方向とリバース方向をミックスするアプローチが該当します。ここでは、同じ回転数で、フォワードとリバースをミックスしたものと、フォワードのみのものを比較します。

【抑揚あり】
フォワードに2回転
＋1回転の中間巻きと、
リバースに2回転
＋1回転の中間巻きを
交互に配置

毛束の動きにランダム感が出る。実際には毛束同士がぶつかるのでさらに動きは無造作になる。

【抑揚なし】
2回転＋1回転の中間巻きのみを配置

上に比べると動きが均一な分、単調な印象を受ける。

ONE POINT!
第3章のP40でご紹介しているスタイルでも、このフォワードとリバースのコンビネーションが使われています。しかもここでは円すいロッドを使っているので動きはさらに無造作になるんです！

PLAIN RINSE　　AFTER

主にこのセクションで使用！

Style #10

2つの逆巻きで
フォルムを活かす

リバース逆巻きを顔周りに入れて、
コメカミが少しくびれたカールで軽さ
をプラス。さらにボブのウエイト部分
はフォワード逆巻きで丸みを強調し、
マッシュボブのフォルムを活かす。

hair：YUKA
make-up：KAHO（共にANTI）

第4章
パーマの"仮説思考"

Style #11

中間巻きと毛先巻きで
つくるスリークな動き

中間巻きと毛先巻きをミックスし、表面に大きな動きをつける。円すいも使うことで、スリーク感を強調。スソは円すいの根元巻きで大きな毛流れ感を出し、表面の動きをナチュラルになじませる。

hair：TOSHIYUKI KOMATSU
make-up：MAI（共にANTI）

ANTI WINDING METHOD

POINT01
パーマの仮説思考とは?!

無造作な質感表現はどのようにして生まれたのか？ ここでは、そんな素朴な質問に、一つの答えを提示します。ポイントは、パーマの"仮説思考"という発想法。本来ビジネスの現場で使われるこの発想法を、どうパーマに応用したかを解説します。

▶ MOVIE
パーマの仮説思考に関する内容をまとめた第4章の動画はこちらのQRコードから視聴できます。

仮説思考を応用した流れ

- 求める質感を仮説し、「こんな動きをつくりたい」 ← ここが仮説思考！
- ↓
- しっかりと観察し、特徴をつかむ
- ↓
- 毛束で再現する
- ↓
- 毛束を手に取って、巻き方を想像する
- ↓
- 手技が完成する

手の平に乗せて、ループの出方をチェックする。

ピボットポイントの出方も指で触ってみる。

「こんな動きをつくりたい」からすべてが始まった

パーマデザインに傾倒していくようになったきっかけが、セクションや厚みのアルゴリズムを見つけたことだったとすると、そこから派生して手技のバリエーションが増えていったきっかけとなったのが、ここでご紹介する"仮説思考"があったからだと思います。

仮説思考とは、本来、ビジネスなどの問題解決の現場で使われる手法です。簡単に言うと、「こうかもしれない？」と仮説を立て、それを確かめる手法のことを言います。

パーマの場合は、「こんな動きをつくりたい」という仮説が起点になります。これによって、次々に新しい手技が生まれました。サロンでもスタッフの「こんな動きをつくりたい」が多くのアイデアを生んでいます。

仮説思考を使った手技のつくり方は、いたってシンプルです。まずは「こんな動きをつくりたい」と思うサンプルを見つける。そうしたら今度はその動きをしっかりと観察します。それで特徴をつかんだら、アイロンなどで同じような質感を毛束でつくってみる。さらにでき上がった毛束を手の平に乗せたり、ピボットポイントとなる部分を指で持ってみたりします。

これを何度か繰り返していると、ロッドにどう巻きつけたら求める動きができるかが少しずつ見えてきます。何が良くて何が悪いか試行錯誤し、それがイメージできたら、あとは実際に巻いてみるだけ。何度か巻き方を微調整しましょう。

僕の場合は、洋書などに掲載されている外国人のクセ毛などの質感をチェックしては、「こんな動きをつくりたい」というものをピックアップ。それで上記の流れで表現の仕方を考えています。

スタッフの中には、「赤ちゃんのクセ毛」などをモチーフに仮説思考を使ってオリジナルの手技をつくる人もいます。今回、P101、102でご紹介している手技はそうした流れで生まれたものです。皆さんも、オリジナルの手技をつくるべく、いろいろチャレンジしてみてください。

デザイン発想のアルゴリズム
仮説思考を使って、新しい手技を開発する

POINT02
ANTI流今どき女性像表現法

新鮮なデザインをつくる際、仮説思考と並んで大切にしているのが「女性像の表現」。一口に女性像と言っても、捉え方は様々です。ここでは、『ANTI』ならではの女性像の表現法を解説します。

―― 今どきの女性像のつくり方 ――

メインの女性像
その人が望む、あるいはその人に似合う女性像

スパイスとなるキーワード
そこにあえて相反する女性像を忍ばせるなど別の要素を入れる

女性像のアルゴリズム
昨今のデザインは、メインの女性像にスパイスの女性像を加えて表現する

―― ベクトルではなく、スパイスを盛り込む ――

　一般に女性像を考える場合は、縦軸と横軸などで印象の要素を整理してベクトルをつくり、クールはこの辺、キュートはこの辺と整理しがちです。でも『ANTI』では、こうした分類の仕方はあまりお勧めしません。

　理由は、女性像をミックスしてはいけないという誤解が無意識に生まれるからです。確かにベクトルで分類すると、女性像はマッピングしやすくなります。

　例えばベクトル上ではクールとキュートの女性像はおそらく対極になるように分類されるはずです。

　この場合、多くの人の頭の中には、「クールとキュートは別物」という認識が無意識にインプットされてしまいます。

　その結果、最悪の場合、「この2つの要素はミックスし得ないもの」と誤認してしまうのです。
『ANTI』では、そうしたミスリードを避けるために、ベクトルを使った女性像分類は採用していません。

　特に、昨今のデザインでは、一人の女性の中にスパイスとして複数の女性像をミックスさせることで、ファッションで言う抜け感をつくり、デザインのクオリティをアップさせるのが主流です。

　その上で、お客様の希望（＝メインの女性像）をお聞きし、デザインの方向性を加味しながら、そこへ別の女性像をつけ加えて、最終デザインを決めています。

ONE POINT! 次のコーナーからは、仮説思考を基に開発した応用手技をご紹介します。どれも女性像表現の幅を広げるのに役立つものばかりです。是非ともマスターしてください！

手技を深掘り！
リバース逆巻き

仮説思考から生まれた手技の代表例、その1。リバース方向に中間巻きを行った後、毛束をひねって根元側を逆巻きで巻く手技。この巻き方で巻くと、ピボットポイントのボリュームを抑えながら、中間巻きのカール感が表現される。中間からの髪はリバース方向にらせん状に落ちる。

1 まずは求めるカール感をイメージする。

2 続いてフォワード方向にステムを引き

3 ピボットポイントとなる部分にロッドを当てリバース方向に1回転し、

4 さらに1回転して合計で2回転する。

5 ここでペーパーを当て、

6 ロッドをひねって、逆巻きの状態にする。

7 そのまま根元側へ0.5回転し、

8 ゴムをかけて巻き上げる。

PLAIN RINSE

NATURAL DRY

ピボットポイントのボリュームが抑えられた状態で、
中間からリバースに動くカールが表現されている。

手技を深掘り！
フォワード逆巻き

仮説思考から生まれた手技の代表例、その2。フォワード方向に中間巻きを行った後、毛束をひねって根元側を逆巻きで巻く手技。この巻き方で巻くと、ピボットポイントのボリュームを抑えながら、中間巻きのカール感が表現される。中間からの髪はフォワード方向にらせん状に落ちる。

ANTI WINDING METHOD

1 まずは求めるカール感をイメージする。

2 続いてリバース方向にステムを引き

3 ピボットポイントとなる部分にロッドを当てフォワード方向に1回転し、

4 さらに1回転して合計で2回転する。

5 その後、ペーパーを当てる。この状態から

6 ロッドをひねって、逆巻きの状態にし、

7 そのまま根元側を0.5回転して

8 ゴムをかけて巻き上げる。

PLAIN RINSE

NATURAL DRY

ピボットポイントのボリュームが抑えられた状態で、
中間からフォワードに動くカールが表現されている

POINT03
ウィッグで検証！
ウレタンを使うという選択肢

仮説思考は、手技に留まらず、ロッドというツールを変化させることで表現するパターンもあります。ウレタンを使った円すいロッドがそのいい例。ここでは、『ANTI』オリジナルのウレタン円すいについて解説します。

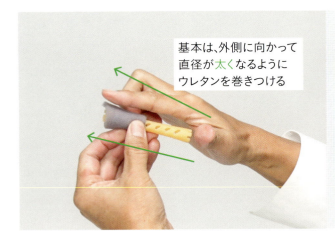

基本は、外側に向かって直径が**太く**なるようにウレタンを巻きつける

なぜウレタンなのか？

　通常、硬いものよりも、柔らかいものに毛束を巻きつけたほうが柔らかい質感を表現することができます。ロッドでワンカールするより、ピンパーマでワンカールしたほうが柔らかい仕上がりになるのが、その良い例です。『ANTI』では、その特性を利用する意味で、円すいロッドを使う場合、ロッド（＝硬いもの）にウレタン（＝柔らかいもの）を巻いて円すい状にしたものを用いています。つくる際のポイントは、ロッドの中央にウレタンを当て、外に向かって徐々に径が太くなるように巻きつけること。このウレタン円すいを使うことで、ウレタン側に巻きつけた毛束をより柔らかく自然な質感に仕上げることができます。

ウレタン円すいのつくり方

1
まずウレタン（ロッドの長さに対して半分くらいの幅のもの）を用意し、ロッドの中央に当てる。

2
そこから扇状にウレタンを巻きつけていく。

3
このように巻きつけると、ロッドの端に向かって径が太くなる。

4
この状態をキープしてペーパーで包み

5
水スプレーを吹きかける。

6
形状が固定され、ウレタン円すいが完成。

ONE POINT! 『ANTI』で円すいロッドという場合は、すべてこのウレタン円すいになります。なので、本書でも「円すいロッド」という表記をする際は、この「ウレタン円すいを使用している」ということを前提に解説します。

手技を深掘り!
円すいの細いほうに毛先を巻きつける
～2回転+1回転の中間巻きバージョン

ANTI WINDING METHOD

中間部にロッドを当て、径の細いほう（ロッド部＝硬い）に2回転の中間巻きを行った後、根元方向にさらに1回転して巻き収める。根元を1回転分巻くことで、ウェーブの始まりがより柔らかくなる。

1 まず髪が自然に落ちる位置でストランドを取る。

2 続いて求めるカール感をイメージする。

ウレタンは上向き

3 ピボットポイントとなる中間部にロッドを当て、

4 径の細いほう（ロッド側＝硬い）に毛束を1回転巻きつけ、

5 4の毛束に重なるようにさらにもう1回転巻きつけ、合計2回転させる。

6 この状態でペーパーを整え

7 今度は根元を径の太いウレタン側（＝柔らかい）に1回転して巻き収める。

8 巻き上がり。

PLAIN RINSE

NATURAL DRY

ロッドの径の細いほう（＝硬い）に毛先を巻きつけ、根元はウレタンのついた太いほう（＝柔らかい）に巻きつけた。根元が緩やかなうねりがつき、毛先にCカールの質感が表現された。

ONE POINT! 中間巻きの回転数や根元を巻き込む回転数は、求めるカール感によって変わりますよ。

手技を深掘り！
円すいの太いほうに毛先を巻きつける
～2回転＋1回転の中間巻きバージョン

中間部にロッドを当て、径の太いほう（ウレタン部＝柔らかい）に2回転の中間巻きを行った後、根元をロッド部（＝硬い）にさらに1回転して巻き収める。毛先は径が大きく、柔らかな素材に巻きつくため、より緩やかでソフトな質感になる。

1 まず髪が自然に落ちる位置でストランドを取る。

2 続いて求めるカール感をイメージする。

3 ピボットポイントとなる中間部にロッドを当て、

4 径の太いほう（ウレタン側＝柔らかい）に毛束を1回転巻きつけ、

5 4の毛束に重なるように、さらにもう1回転巻きつけ、合計2回転させる。

6 この状態でペーパーを当て

7 今度は根元を径の細いロッド側（＝硬い）に1回転して巻き収める。

8 巻き上がり。

PLAIN RINSE

NATURAL DRY

ウレタンのついた太いほう（＝柔らかい）に巻きつけた毛先の質感は緩やかで、径の細いロッド側（＝硬い）に巻きつけたピボットポイント周辺の質感が強く出ている。

COLUMN | パーマのニュースタンダード

"さしピンの意味"

お客様が求めるデザインを表現するにあたり、
その時代ごとにパーマ技法も常にアップデートしていくことが大事。
そうした発想から『ANTI』では、日々、技術をブラッシュアップしています。
このコラムではそうした技術の所作のこだわりを紹介します。

さしピンはインジケーター

通常、挿しピンはゴム跡がつくことを防ぐために行うものです。ただしゴムかけのコラム（P37）でお話ししたように、『ANTI』では、巻きつけた毛束に負荷を与えやすい「深ゴム」を推奨していません。なので、基本、さしピンをしなくてもロッドオンの状態は完成しているのが通常です。

実は、それでもサロンではさしピンを行うのがルールなんです。理由は、さしピンに深ゴム防止以外の機能を持たせているからです。

『ANTI』のさしピンは、スライスの角度とロッドに巻き収まった方向を示すためのインジケーターとして使っています。

無造作感をつくるためには巻く方向もコントロールするのがポイント。そのため、サロンではセクションによって、スライスの角度やロッドに毛束を巻きつける方向が変わるのが一般的です。そうした角度や方向を一目で分かるようにしたのがさしピンの役目なのです。

こうすると、サロンワーク中に急遽ヘルプで入った第三者がワインディングする際も、どの方向にロッドが巻かれているのが一目で分かり、いちいち細かく確認しなくとも巻き進めることができます。さしピンがガイドしてくれることで、施術の効率化につながるわけです。

ロッドオン

ロッドオン（さしピンあり）

さしピンの有無で、ロッドオンを比較。さしピンのある右の写真のほうが、
スライスの角度と巻き収めの方向のイメージがつきやすい。

※本書では、ロッドに毛束が巻きついた状態をしっかりとお見せするためにロッドオンの画像や
映像の多くにはさしピンを使っていません。その点、ご了承ください。

第5章
カットの"削ぎ"の
アルゴリズム

Style #12

厚みを変えて
クセ毛のような束感を出す

トップは円すいの中間巻きでふんわりとした毛流れ、それ以外は柔らかい束感を出す。トップ以外には毛先巻きを配置。スライスごとに厚みを変えることで、クセ毛っぽい束感を表現する。

hair : TOSHIYUKI KOMATSU
make-up : MAI（共にANTI）

Style #13

うねりと空気感を
デザインする

顔周りの生えグセをパーマでコントロールしつつ、表面にアイロンで巻いたようなうねり感をデザインする。またフレームラインには外ハネを配置し、アクセントをプラスする。

hair : TOSHIYUKI KOMATSU
make-up : KAHO（共にANTI）

POINT01
パーマのためのカットで大事なこと

カットとパーマは連動していると言われますが、どの部分を連動させるのがポイントかがなかなか明確にされないもの。ここでは、パーマ施術を行うことを前提にカットする場合、どこを連動させるのが望ましいかを解説します。

▶ MOVIE
パーマをする上でのカットの削ぎに関する内容をまとめた第5章の動画はこちらのQRコードから視聴できます。

イメージより重めを意識する

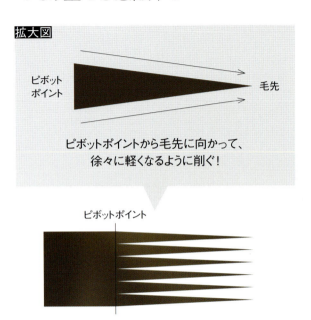

カットはベースカットと削ぎに大きく分類されます。その中で、ベースカットはお客様の毛量、毛流、頭の形、生えグセなどを加味しながらデザインする必要があります。

ベースカットはケースバイケース的な色彩が強いため、細かな法則性を導き出すのが難しいものです。

ただし、パーマを巻くということを前提にする場合は、切り口を「重め」にコントロールするのが大切です。

また削ぎは、厚みのアルゴリズムと関係してくる部分でもあります。原則は、「同じセクションでピボットポイントより先の厚みをコントロールすること」です。

さらに削ぎの入れ方は、ピボットポイントから徐々に軽くなるように削ぎを入れることが重要です（左の図を参照）。

次のコーナーから、パーマを前提とした削ぎについて考えます。一口に削ぎと言っても、量感調整と質感調整の2つのアプローチがあります。まずはその辺から理解してください。

カットのアルゴリズム
ベーカットは重めにカットし、削ぎはピボットポイントから徐々に軽くなるように入れていく。また軽さは、同セクション内で統一する。

削ぎには、量感調整と質感調整がある

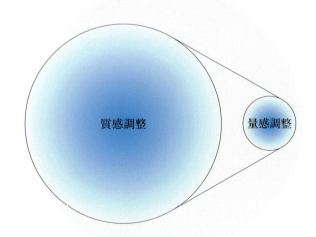

〈 質感調整と量感調整の比率 〉
量感調整は5％以内！

『ANTI』では、パーマ施術を前提としたカットの削ぎを行う場合、一つ目の方法には、量感調整のための削ぎがあります。こちらは、ぼんのくぼや耳後ろ、ネープなど量感が溜まりやすい箇所を削ぐアプローチです。

二つめは、質感調整のための削ぎです。先ほども説明した通り、このタイプの削ぎは、厚みのアルゴリズムに基づいているのがポイント。同セクション内でピボットポイントから毛先を同じ厚みにすることを前提に徐々に軽さをつけます。

サロンでは、量感調節の際はセニングを使いますが、質感調整でセニングを使うことはほぼありません。

質感調整では、主にスライドカットやレザーを使って調整してきます。パーマを前提に考えると、セニングは質感と量感が同時に調節させるので、『ANTI』では不向きと考えます。

また2タイプの削ぎの割合を全頭で考えた場合、量感調整目的のセニングは5％以内で、それ以外が質感調整になります。この辺りを意識してカットするだけでも、パーマとの連動性がアップします。

削ぎのアルゴリズム
削ぎには、量感調整と質感調整の2つがある。また量感質感にはセニングを用いることもあるが、質感調整では基本、セニングは使わず、スライドカットかレザーで対応する。

毛束で検証！
スライドとセニングの削ぎを比較してみる

ここでは、削ぎの入れ方が違う2つの毛束に同じワインディングをすると、どう仕上がるかを検証します。一方は、削ぎのアルゴリズムに基づき、スライドカットでピボットポイントから毛先に向かって徐々に軽くなる削ぎを入れたもので、もう一方は、セニングシザーでピボットポイントから均一に削いだものの2タイプ。削ぎの違いがパーマにどんな影響を与えるかを見てみましょう。

スライドで削ぐ

ワンパネルの中で、カットラインは残しつつ、削ぎを入れた毛束がピボットポイントから毛先に向かって徐々に軽くなっていくイメージで削ぐ。

セニングで削ぐ

ワンパネルの中で、カットラインは残しつつ、削ぎを入れた毛束のピボットポイントから毛先までが均一に軽くなっているイメージで削ぐ。

検証① 2回転の中間巻きで比較してみる

PLAIN RINSE　　NATURAL DRY

2ジャスの特徴である大きなCカールが表現されている。ストランドのまとまり感もある。

PLAIN RINSE　　NATURAL DRY

カールは出ているが、プレーンリンスでは毛がセパレートして束感が出ていない。また自然乾燥した状態ではカールがつき過ぎている。

検証② 2回転+1回転の中間巻きで比較してみる

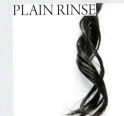 

PLAIN RINSE　　NATURAL DRY

中間から毛先に2回転、根元に1回転巻いた時、特有のピボットポイントにうねりがあり、中間から毛先がCカールの束感が形成されている。

PLAIN RINSE　　NATURAL DRY

2回転+1回転の質感に近いが、毛先にいくにつれてまとまりがなくなり、方向性がバラバラになっている。

ONE POINT! 質感調整は明確なイメージが重要。量感調整の軽さの感覚で削ぐと、仕上がりのコントロールが難しくなります。

POINT02
パーマを活かす質感調整の2つの方法

パーマの質感調整には、スライドやレザーを使うのがお勧め。とはいえ、どのように削げば、イメージの削ぎができるのでしょうか。ここでは、そんな疑問に答えるべく、『ANTI』流のスライドカットとレザーカットの削ぎの方法を解説します。

スライドカット

1 削ぎが入る前のパネル。

2 毛先からピボットポイントとなる位置に向かって、シザーをスライドさせる。パネルは薄めに取って、毛先に向かって徐々に軽くなるように削いでいく。

4 毛先に向かって徐々に軽くなる削ぎが入った。

レザーカット

1 削ぎが入る前のパネル。

2 削ぎの形状はスライドカットと同じ。表面から少しずつ取っていく。始めは取った毛束の分量を手に取って確認しながら削いでいく。また髪に少し水分があったほうがコントロールしやすくなる。

4 毛先に向かって徐々に軽くなる削ぎが入った。

ONE POINT! 感覚に任せてただ軽くするのではなく、あくまでピボットポイントから徐々に軽くなっていくという意識で削ぐこと。これが大事です!

POINT03 削ぎの3タイプ

これまでお話ししたように、削ぎには、量感調整と質感調整があり、それぞれの役割が違います。また量感と質感を調整するのでは適した道具も変わるもの。『ANTI』では、削ぎの活用方法には3タイプあると考えます。このコーナーでは、ここまでの流れを整理する意味で、パーマを前提としたカットの削ぎの活用方法について再度まとめます。

Type 1　均一な削ぎ

削ぎを入れる位置（主にピボットポイント）から毛先に向かって、均一な削ぎが入る方法。『ANTI』では、量感調整を行う際、この方法を使うが、質感調整で使うことはほぼない。またこの削ぎはワインディング時、短い毛が飛び出やすいので巻きにくいのも特徴。

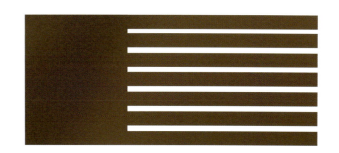

質感調整で使うことはほぼない方法

Type 2　毛先に向かって徐々に軽くなる削ぎ

削ぎを入れる位置（主にピボットポイント）から毛先に向かって、徐々に軽くなるように削ぐ方法。『ANTI』の量感調整のメインとなるやり方。主にスライドやレザーでつくる。この方法で削ぐと繊細なタッチをつくることができ、同時に毛束の厚みもコントロールできる。

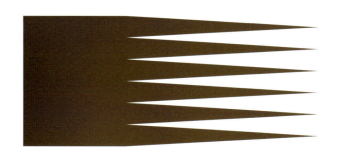

質感調整でまず目指すのは、この方法！

Type 3　徐々に軽くなりつつ、カットラインも消す削ぎ

「Type 2」の削ぎの形状で削ぎながら、ワンパネルの中の毛束に長短をつけ、カットラインをぼかしたり、消したりする方法。より繊細な質感調整を行ったり、質感を調整しつつフォルムに変化をつけたりする場合に使う。最も高度な質感調整の方法。

質感調整の応用編！

ONE POINT!　質感調整を考える場合は、まず「Type 2」の削ぎ方をマスターするのが大事です。ちなみに「Type 3」の削ぎはスタイルのシルエットが変わるのが特徴で、パーマの質感により微妙なニュアンスを表現することができます。

POINT04
ウィッグで検証！
均一な削ぎと、徐々に軽くなる削ぎを比較してみる

CUT BASE

アゴ下くらいのボブベース。ここにセニングで均一な削ぎ、スライドとレザーを使ってそれぞれ毛先に向かって軽くなる削ぎを入れる。

PERM DATE

1剤	シスチオ系。巻き上がり後、15分放置
塗り方	セクションごとにその都度塗布
2剤	ブロム酸。5分5分の2度づけ
ロッド	ライトブルー（15ミリ）、オレンジ（13ミリ）、ピンク（12ミリ）、ベージュ（11ミリ）、ブルー（10ミリ）、パープル（8ミリ）
巻き方	①1回転の毛先巻き、②1.25回転の毛先巻き、③1.5回転の毛先上出し、④1.5回転の毛先巻き、⑤Fに2回転の中間巻き、⑥Rに1.25回転の逆巻き、⑦R2回転＋0.5回転（乗せ）の中間巻き、⑧R2回転＋0.5回転の中間巻き ※条件は、すべて3体で統一

検証① Type 1の削ぎ

セニングで均一な削ぎを入れる

ピボットポイントから毛先に向かって均一に軽くなるようにセニングを入れる。今回は、30％セニングを使って、全体の30％軽くしている。

仕上がり

「検証②③」と比較すると、若干、パーマの質感が硬く見える。また均一に削いだ分、髪があばれるため、ボリュームが出て、フォルムのメリハリがあまりない状態。

ここでは、同じカットベースのウィッグに、均一な削ぎと、毛先に向かって徐々に軽くなる削ぎを入れた場合、同じパーマをかけるとスタイル全体にどんな影響を与えるかを見てみます。ちなみに均一な削ぎにはセニングを使用し、徐々に軽くなる削ぎには、スライドとレザーの2つのアプローチで比較。使う道具が変わることで質感がどう変わるかも含めてチェックしてみてください。

検証② Type 2の削ぎ

スライドで徐々に軽くなる削ぎを入れる

ピボットポイントとなる中間から毛先に向かって徐々に軽くなるようにスライドカットで削ぎを入れる。削ぎの割合は「検証①」とほぼ同じだが、削ぎの形状が異なる。

仕上がり

「検証①」よりも髪に柔らかさがある。また毛先に向かって軽くしている分、ナチュラルな動きもついている。フォルムにもメリハリ感がある。

検証③ Type 2の削ぎ

レザーで徐々に軽くなる削ぎを入れる

削ぎの割合や考え方は、「検証②」と同様。毛先に向かって徐々に軽くなるようにレザーを使って削いでいく。

仕上がり

「検証②」と同様、髪に柔らかさと、自然な動きがついている。フォルムにもメリハリが出ている。「検証②」よりも若干、軽い仕上がり。

ONE POINT! 削ぎの入れ方を工夫するだけで、仕上がりのクオリティがグッと変わることが分かりました。とはいえ、適切な道具を使っても、セクション内で削ぎ方にムラがあると全体のパーマの印象を変えてしまいます。ポイントは、どんな道具を使うかより、どう削ぐかです！

POINT05
手技を深掘り！
ツインウェーブ

今回ご紹介した今の削ぎ感に最適な手技。ワンストランドの中に2本のロッドを配置する。中間～根元側に中間巻き、中間～毛先側に毛先巻きでワインディング。このように巻くと、クセ毛っぽいうねりを感じさせながら、波のような立体感を表現することができる。『ANTI』流の波ウェーブ。

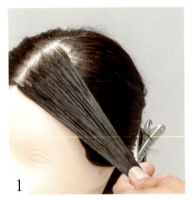

1　まずは仕上がりで落ちる位置を考え、ストランドを取る。

2　続いて、ピボットポイントの所にロッドを当て、

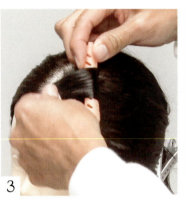

3　逆巻きで左手で0.5回転巻きつけたら、

4　今度はロッドを矢印の方向に回転させ、

5　最終的には反転させる。

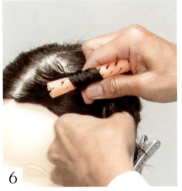

6　ここで、左手で持っている3で巻きつけた毛束をロッドの下に通しつつ

7　同時に右手で毛束を持ち替えて1回転して

8　さらに1回転し、合計2回転する。

9　これで中間～根元は2回転の中間巻きをしたことになる。

10　この段階で中間～根元を巻いたロッドにゴムかけをする。

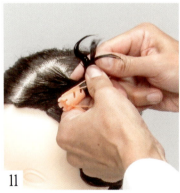

11　ゴムかけしたら、両手でロッドを持ち、

12　今度は、ロッドを逆方向に反転して、4の状態に戻す。

13
4の状態に戻った。今度は、左手で持っている中間〜毛先を巻く。

14
まずロッドから出ている中間〜毛先の毛束にペーパーを当て、

15
1.5回転の巻きつける。

16
巻きつけた段階で毛先側のロッドもゴムかけをする。

17
2本のロッドが巻きついた段階で、いったんロッドが裏側になるように倒し、

18
ロッドの裏面にさしピンをする。

19
その後、ロッドを戻して⑯の状態にする。

20
最後にロッドの表面にもさしピンをする。

PLAIN RINSE

NATURAL DRY

クセ毛のような質感で、波のようなフラットなウェーブが表現できている。

Style #14

顔周りのループ感で
カーリーな質感に

顔周りにコロンと入るループ感を効かせ、カーリーな質感を強調する。さらにスソにはハネ感をプラス。トップは大きなうねりを配置し、全体の質感を馴染ませながらデザインする。

hair : RYOKA
make-up : MAI（共にANTI）

第6章
ANTI流メンズパーマ&
スタイリング

Style #15

立ち上がりとハネ感でつくる クセ毛風の質感

逆巻きを効果的に配置し、バングをナチュラルに立ち上げ、サイドのハネ感でクセ毛のような動きを演出。えり足には緩やかに動くうねりを加えて、フォルムのバランスを取る。

hair : KAORI
make-up : MIYU（共にANTI）

Style #16

上出しカールで
スリークな抜け感をつくる

ロングロッドで根元のほうから無造作に
ルーズに動くウェーブを表現。
さらに円すいを使うことで、毛先に空気
感を出している。

hair：YUKA
make-up：MAI（共にANTI）

POINT 01 パーマスタイリングの考え方

ANTI WINDING METHOD

パーマ後のプレーンリンスの状態を自然乾燥したらスタイリング完了。これが『ANTI』の理想のパーマスタイリングです。ただし、昨今のケミカルダメージを考えた場合、ケアしながらスタイリングする発想も重要。またスタイリングで、よりパーマの良さを引き出すこともできます。ここではメンズパーマを題材に『ANTI』のスタイリングについてまとめます。

基本的なプロセスの流れ

〈ANTIのスタイリングの流れ〉

ベース剤塗布
▽
ドライ
▽
スタイリング剤塗布

パーマに限らず、スタイリングは「ベース剤塗布→ドライ→スタイリング剤塗布」という流れで進みます。

ベース剤は特にダメージ毛の場合マストなプロセス。ここでは主にアウトバストリートメントをつけて、髪のコンディションを整えます。

ドライは基本、自然乾燥を推奨しています。またサロンで乾かす場合は根元を立ち上げるように乾かすのみということが多いです。ちなみに昨今の高性能なドライヤーの中には風質などの違いにより、パーマの質感をキャンセルして(落として)しまうものもあるので、その点は注意が必要です。

スタイリング剤をつけるフィニッシュワークでは、手の平によく伸ばした剤を握り込んでつけたりすることで、パーマの質感を強調します。またこれら一連の流れや注意点は、お客様目線でお伝えすることも大切です。

「ANTI」流メンズのアレンジとこれからのスタイリング像

ARRANGING & STYLING

① ▼ 下げる
② ▲ 上げる
③ ◆ 分ける

今のメンズパーマでは、アレンジスタイルの提案がマスト。TPOでスタイルの雰囲気を変えられるアレンジは、おしゃれなメンズだけでなく、それ以外のお客様からも幅広く支持されています。

アレンジを考える場合は、大きく3つの方向性があります。①「下げる」、②「上げる」、③「分ける」の3つです。

もちろん、今のスタイルはこれら3つの要素が複合される場合が多いもの。とはいえ、事前にどの方向にまとめるかを大まかにイメージしていたほうが、メインで提案するスタイル、アレンジで提案するスタイルがお客様に明確になります。

また最近メンズには「全体はフォームで仕上げ、立ち上げた顔周りだけはジェルで仕上げる」のようなスタイリング剤のポイント使いもおすすめ。このように仕上げると、顔周りだけツヤ感が違う、ちょっとした見え方の違いが出ておしゃれです。この流れは今後、女性のお客様にも応用していくのも有効です。

アレンジで使えるワインディング手技

毛先上出し

手技の詳細は、P45で解説

リバース逆巻き、フォワード逆巻き

手技の詳細は、P52、53で解説

アレンジを考えた場合、有効なワインディング手技があります。特におすすめなのは、「毛先上出し」と「逆巻き」の巻き収めです。毛先上出しは、下ろした時のハネ感になるのはもちろん、アレンジで上げたり、分けたりした時の毛流れのアクセントにもなります。

逆巻きの巻き収めは、上げる、分けるのアレンジ時に特に有効。サロンでは、例えば中間巻きで中間から毛先の質感をつくり、根元を巻き上げる際、逆巻きで巻くことで、アレンジ時の立ち上がりをつけやすくすることもあります。

ARRANGING & STYLING

Style #14 ARRANGE

前髪がうねる毛流れのソフトリーゼント

サイドはタイトに締めて、トップを1:9パートで分けた。前髪のクセ毛のようにうねる毛流れを活かしたソフトリーゼント。スソのハネ感は残してアクセントにしている。

MAIN
「下げる」
■ Normal Oil

STYLING
タオルドライ後、根元を立ち上げるように9割ドライ。中間部は7〜8割、パーマの質感を出したい毛先は3割ドライする。その後、まとまり過ぎないノーマルオイルを毛先のみにつける（塗布量は毛先全体で5プッシュ）。その後、毛先を握り込んでオイルを全体に行き渡らせ自然乾燥し、全体にツヤ感を出す。

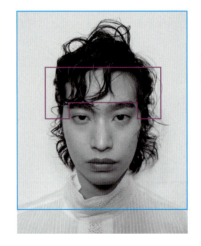

ARRANGE
「分ける」
■ Heavy Oil + Gel
■ Heavy Oil

STYLING
タオルドライ後、重めのオイルをコーミングで全体に馴染ませる（塗布量は8プッシュ）。その後1:9パートで分け、ネープのハネ感を出す。さらにサイドをジェルでタイトに流し、前髪にもつけてうねる毛流れ感を強調する（塗布量は、全体でビー玉2個分）。ジェルのついた所はツヤ感が強調され、オイルだけの所は若干ドライになる。

ANTI WINDING METHOD

Style #15 ARRANGE

7:3パートで分けて サイドはタイトに締める

逆巻きでつくったハネ感を後ろに流して毛流れに変える。サイドやネープのハネ感は、方向を変えながら、若干抑えることでタイトなフォルムを強調する。

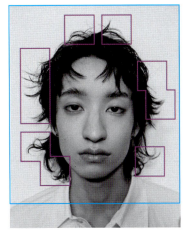

MAIN
「上げる」

■ Normal Oil + Cream Wax + Mat Wax
■ Normal Oil + Cream Wax

STYLING
タオルドライ後、全体にオイル（0.5プッシュ）を馴染ませる。その後、根元のみドライヤーでハーフドライにし、全体にクリームワックス（全体で5円玉大）を揉み込む。最後にマットワックス（小指の爪大）をポイントの毛先につけてハネ感を出していく。

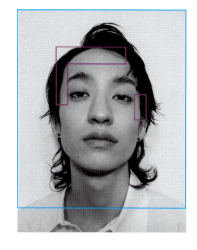

ARRANGE
「分ける」

■ Grease
■ Cream Wax

STYLING
タオルドライ後、全体にクリームワックス（全体で5円玉大）を馴染ませる。その後、7:3パートで分け、根元と顔周りにグリースをつける。根元は小指の側面にグリースをつけて馴染ませた後、コーミング。顔周りは立ち上げる。最後にサイドはタイトに締めて自然乾燥。

SHINBIYO 73

ARRANGING & STYLING

Style #16 ARRANGE

**上出しカールで
スリークな抜け感をつくる**

センターパートで前髪を立ち上げ、毛先上出しのハネ感を強調。顔周りの中間巻きは活かしてうねり感に。さらにリップラインにくびれをつくって、フォルムのバランスを取る。

hair : YUKA
styling : KAORI
make-up : MAI（すべてANTI）

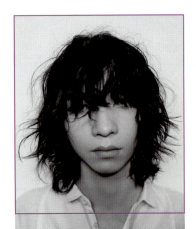

MAIN

「下げる」
■ Light Wax

STYLING

タオルドライ後、バックは落ちる位置に、それ以外はフロント方向に乾かす。8割ドライ後、ライトワックス（100円玉大）を全体に均一に馴染ませる。最後にパーマ部を握り込んで質感を出した後、自然乾燥させる。

ARRANGE

「上げる」
■ Mat Wax
■ Treatment Form

STYLING

ドライ後、トリートメントフォーム（ピンポン球1個分）をフロントからバックにかき上げるようにつけていく。バックシェイプしたらフォルムを整え、最後は、マットワックス（小指の爪大）でポイントの毛先のハネ感を強調する。

COLUMN | パーマのニュースタンダード

"中間巻きのアップステム"

お客様が求めるデザインを表現するにあたり、
その時代ごとにパーマ技法も常にアップデートしていくことが大事。
そうした発想から『ANTI』では、日々、技術をブラッシュアップしています。
このコラムではそうした技術の所作のこだわりを紹介します。

アップステムでは根元からのボリュームは出ない

根元からボリュームがほしい時は、アップステムに引いてその角度からオンベースで巻き収める。そう習った人は多いと思います。

でもそのように巻き収めても、厳密には根元からのボリュームは望めません。どうしても「根元付近から」のボリュームしか出ないものです。また根元付近からパーマが入ると、新生部が伸びた時に不自然に見えることもあります。

またアップステムで巻き収めると、根元にロッドの跡がついたり、髪の落ちる位置が分からなくなったりする作業上のリスクも出てきます。

そうしたデメリットがあるため、『ANTI』ではボリュームを出すためにアップステムの角度でオンベースに巻き収めることは皆無です。

特に中間巻きの場合は、ステムを上げてもオンベースがマックスで、アップステムよりステムを落として巻くことのほうが圧倒的に多いです。(下の「中間巻きのアップステム」の写真参照)。

このように巻くと、中間部のピボットポイントにパーマの質感が入ることで、根元も自然に立ち上がります。また髪が落ちる位置で巻いているので、毛流れが不自然に見えることもありません。結果、ナチュラルなクセ毛の質感が表現しやすくなるわけです。

〈中間巻きのアップステム〉　　　〈中間巻きの推奨ステム〉

〈従来のアップステム〉
この角度で巻き収めると、根元にロッドの跡がついたり、髪の落ちる位置が分からなくなったりするリスクがある。

ステムを持ち上げ、頭皮に対して90度(オンベース)で巻く。

巻き収め

ステムを上げて巻き収めると、根元のロッド跡などが出るためサロンで使うことは少ない。

頭皮に対して45度以下に引き出して巻く。

巻き収め

このように巻き収めると、根元が自然に立ち上がり、髪が落ちる位置も分かりやすい。

LAST SECTION

ANTI流
薬剤コントロール術
「KPM」&
クルーマネジメントを
完全解説!

後編は、まず『ANTI』の薬剤選定のコアな部分を担っている

「KPM」というメソッドについてまとめます。

ここでは、KPMの基本的な考え方を整理し、ダメージ度合いと薬剤選定を完全リンク。

さらにKPMならでは「エポンジュ」塗布についても考えます。

そして後編の後半部は、『ANTI』の"クルーマネジメント"についてご紹介。

こちらは聞き馴染みのないワードですが、

KPMや前編でマスターした手技をより効果的にサロンで活かすためには不可欠な要素になります。

後編は、サロンワークをより意識した大きく2つの構成でのお届けです!

▶ MOVIE

第2章のケーススタディは、こちらの
QRコードから視聴できます。

Case 01
ミドルダメージ毛へ
スタンダードな施術の流れで
対応するケース
→ P084

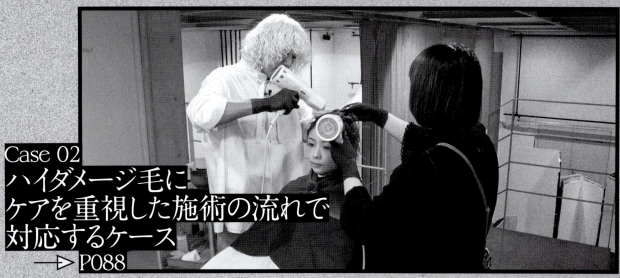

Case 02
ハイダメージ毛に
ケアを重視した施術の流れで
対応するケース
→ P088

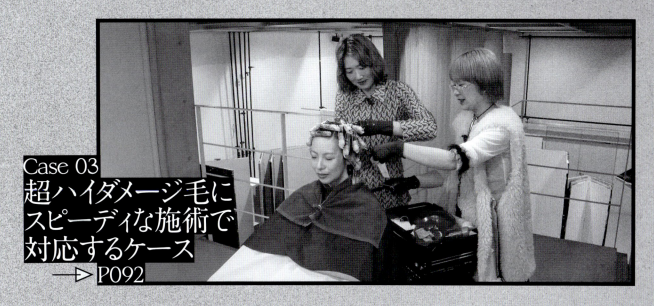

Case 03
超ハイダメージ毛に
スピーディな施術で
対応するケース
→ P092

まずは『ANTI』流の薬剤選定のベースとなっている「KPM」についてまとめます。KPMが生まれた経緯も含めて、KPMを構成する要素を解説します。

KPMを斬る！
~メソッドが生まれた背景と構成要素

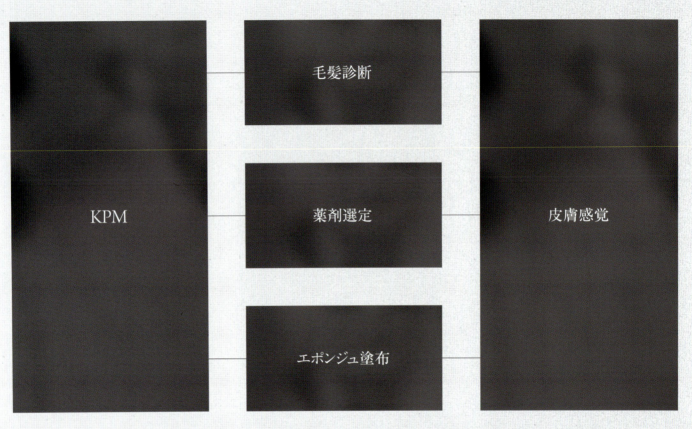

KPMを構成する要素

― パーマとカラーの共存からがスタート ―

KPMとは、「Komatsu Perm Method」の略です。特許も取得済みで、細かい内容を知りたい方は、特許情報を見てみてください。後編では、そうした細かい内容の中で、実際にサロンワークで使う場合に必要なエッセンスをまとめていこうと思います。

KPMは、カラーがデフォルトである今のデザインの中で、パーマとカラーが共存できないか？という課題をクリアするために、10年の歳月をかけて開発したものです。

メソッドは、5つの柱から成り立ちます。具体的には、①髪の履歴の完全な把握、②髪のダメージに合わせてパワーを使い分ける薬剤選定、③エポンジュを使ったパーマ剤の塗布量コントロール、④処理剤の塗布量コントロール、⑤皮膚感覚の共有です。今回は、そのための指標となる考え方をご紹介したいと思います。

KPMでは、特に薬剤施術をする際、「皮膚感覚」を軸に判断することに重きを置いています。これは、前編でお届けした手技をマスターする上で培った皮膚感覚があるからこそ可能なことでもあります。

いわゆる、触診の仕方は、手技の厚みをマスターする時の要領で指を何度も滑らせてみたり、新生部などの健康な箇所とダメージしている箇所の触り心地などを比較してみたり、カウンセリングで履歴を確認することも大切です。

皮膚感覚を身につけるためには、スタイリスト数人で触診を行い、そこでまとめた皮膚感覚の基準を全員で共有して、ぶれがないようにすることが重要です。そして、その基準に基づきながら、デザインによる微調整を行います。

さらにKPMでは、処理剤やパーマ剤などの薬剤を塗布する際に「エポンジュ」というツールを使うのもポイントです。

エポンジュはウレタン製のシートで、薬剤の浸透を高める効果があります。ちなみにウレタン円すいをつくる際に使用しているのもエポンジュです。詳しい使い方は、P81で解説します。

KPMのダメージ指標
~4段階あるダメージ指標の特徴を解説

KPMのダメージスケール

ダメージ度合い	カラー履歴の基準	髪の芯
ハイダメージ	高明度のカラーをしている髪〜ライトブリーチの髪	わずかに残っている
ミドルダメージ	中〜高明度のカラーをしている髪	適度に残っている
ローダメージ	低明度のカラーや微アルカリカラーをしている髪	豊富に残っている
ノーダメージ	バージン毛 健康毛	

ダメージは4段階に区切る

　ダメージ度合いはハイ、ミドル、ローの3段階で考えます。また実際のダメージ指標は、上記の3つのダメージに、バージン毛＝ノーダメージを加えた4段階で考えます。

　ハイダメージは、高明度のカラーをしている髪が基準で、さらにダメージしたものはブリーチや白髪染めの繰り返し毛なども含まれます。

　なおハイダメージ毛でもブリーチをして芯（コシのある硬さ）がなくなったテロテロな髪やストパー毛には、パーマはおすすめしません。

　ミドルダメージは、中〜高明度のカラーをしている髪が基準で、ブリーチをしていない髪が当てはまります。こちらはハイダメージに比べて、髪の芯がまだある状態です。

　ローダメージは、低明度のカラーをしている髪が基準で、微アルカリ、低アルカリカラーをしている髪もここに含まれます。いずれも髪の芯は豊富にある状態です。

　触診での毛髪診断は、こうしたカラー履歴や髪の芯を手がかりに行いますが、特にブリーチ履歴は1回でもダメージが進みやすい髪や、3回やってもダメージしにくい髪といった個体差があるので、その点は要注意です。

　またバージン毛（ノーダメージ）の場合は、かかりやすい髪、かかりにくい髪であることをチェックする必要があります。ここでは、乾燥毛、撥水毛などの髪質や髪の太さや毛量などを手がかりに考えていきます。

　さらにすべての髪には、ケミカルダメージ以外にドライヤーやアイロンによる熱ダメージがあることも考慮しておくことが大切です。

KPMの薬剤選定
~ダメージ指標を軸にした薬剤選定法

KPMのダメージスケール

ダメージ度合い	カラー履歴の基準	髪の芯
ハイダメージ	主にシス～サルファイト	あり（マスト）
ミドルダメージ	主にシス～シスチオ	髪の状態によってあり
ローダメージ	主にチオ～シスチオ	
ノーダメージ		ほぼなし

塗布量の基本

ダメージ度合いと薬剤のパワーを紐づける

　薬剤のパワーは、ダメージが進むほど落としていく。これが基本です。サロンには、パワー順に、①チオ系、②シスチオ系、③シス系、④サルファイト系の4つの薬剤があります。

　これらの薬剤をダメージ状況に合わせて使い分けます。ノーダメージ～ローダメージ毛には、チオ系、シスチオ系をメインに使用します。

　さらにダメージが進んだミドルダメージの場合は、シスチオ系、シス系をメインに使用。ハイダメージになるとさらにパワーを落とし、シス系、サルファイト系をメインに使います。

　サロンでは、よりピンポイントの対応をするため、エポンジュで塗布量をコントロールしたり、一度全体に塗布後、その都度つけ巻きをしたりすることもあります。また薬剤をダメージによっての塗り分けでも行います。

　かかりにくい髪や、しっかりとしたリッジがほしい場合は、適正の薬剤よりパワーを1段階落として、放置時間を長くすることもあります。

　KPMでは、処理剤は前処理を推奨しており、薬剤は、アムラ由来のトリートメント処理剤を使っています。

　アムラとは天然のハーブ成分で、髪を保湿したり、補強してハリコシを出したりする効果があります。

　前処理は、ハイダメージにはマストで、ミドルダメージ以上の髪に使用するのが基本です。またダメージ状況や髪質などによって、塗布量をコントロールしたり、ドライして追い塗布をしたりするのもポイントです。

KPMの「エポンジュ」塗布
~使い方と水分量を極める

サロンには標準タイプと細型タイプの2つがある。いずれもウレタン製。各寸法は、写真内を参照。

サロンワークでエポンジュを使った塗布を行っているところ。塗布量をコントロールする際に有効で不可欠なアイテム。

エポンジュの塗布量の目安
*エポンジュの水分量が髪に塗布される塗布量になります

塗布量80%

水分量100%だと水分が多過ぎて塗布しづらい状態とイメージした場合、その手前くらいの水分量。薬剤に浸したエポンジュを持ち上げた時、ポタポタと水分がカップに落ちる。印象としては「かなりエポンジュに水分が含まれている」イメージ。
→ **対象毛** 主にノーダメージ、ローダメージ、かかりにくい髪

塗布量50%

水分量100%だと水分が多過ぎて塗布しづらい状態とイメージした場合、その半分くらいの水分量。薬剤に浸したエポンジュを持ち上げると、薬剤がポタポタしたたるが水分量80%ほどではない。印象としては「程よく水分が含まれている」イメージ。
→ **対象毛** 主にミドルダメージ

塗布量30%

水分量50%のウェット具合より半分強くらいの水分量。薬剤に浸したエポンジュを持ち上げた時、したたる水分がない。印象としては「少し濡れている」イメージ。
→ **対象毛** 主にハイダメージ

皮膚感覚で塗布量をコントロールする

エポンジュとはウレタン製のスポンジのことです。サロンには、標準タイプと細型の2タイプがあります（写真①を参照）。

薬剤塗布に使うものは、標準タイプです。また標準タイプは円すいロッドをつくる時にも使い、細型は小さいロッド径の円すいをつくる場合に使います。

塗布法は、カップに入れた薬剤に浸して、薬剤が浸み込んだエポンジュを髪につけるのが基本です（写真②を参照）。

先ほどもお話ししたように、この時の水分量をコントロールすることで、ダメージ度合いや髪質などによって塗布量をコントロールするわけです。

塗布量は、皮膚感覚を使って判断します。サロンのレッスンでは、エポンジュに浸した薬剤を髪に塗布し、一つひとつの塗布量をスタイリストがアシスタントに直接伝え、そこで皮膚感覚を完全に共有することが大切です。

このコーナーでは皮膚感覚を数値化してまとめていますが、本来は「何mLで、このパーセント」というものではないので、その点はくれぐれも注意してください。

またサロンでエポンジュを使う時は、自店で使用している薬剤の特性を考慮しつつ、事前にスタイリスト間での皮膚感覚を共有し、サロンの共通認識を持つことをおすすめします。

※上記は、『ANTI』で使用している薬剤（パーマ剤、カーリング料、前処理剤）を前提にまとめたものです。また上記はあくまで大きな目安なので、実際にサロンでエポンジュを使う場合は、自店の薬剤での塗布量と皮膚感覚をしっかり紐づけた上で考えてください。

第2章
クルーマネジメントを考える

「クルーマネジメント」とは、お客様に提案するパーマプログラムを一緒につくるスタッフたちをマネジメントすることです。具体的には、スタイリストとアシスタントが一つのクルーとなり、お客様に対応することになります。この章ではその方法と実例を考えます。

施術の役割と意味を理解しよう
~役割と意味を知って、クルーマネジメントに活かす

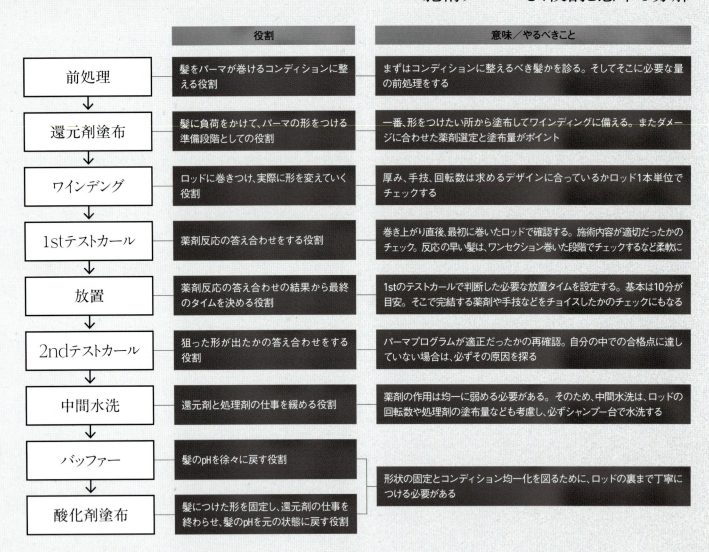

施術プロセスを、役割と意味で分解

工程	役割	意味／やるべきこと
前処理	髪をパーマが巻けるコンディションに整える役割	まずはコンディションに整えるべき髪かを診る。そしてそこに必要な量の前処理をする
還元剤塗布	髪に負荷をかけて、パーマの形をつける準備段階としての役割	一番、形をつけたい所から塗布してワインディングに備える。またダメージに合わせた薬剤選定と塗布量がポイント
ワインデング	ロッドに巻きつけ、実際に形を変えていく役割	厚み、手技、回転数は求めるデザインに合っているかロッド1本単位でチェックする
1stテストカール	薬剤反応の答え合わせをする役割	巻き上がり直後、最初に巻いたロッドで確認する。施術内容が適切だったのかのチェック。反応の早い髪は、ワンセクション巻いた段階でチェックするなど柔軟に
放置	薬剤反応の答え合わせの結果から最終のタイムを決める役割	1stのテストカールで判断した必要な放置タイムを設定する。基本は10分が目安。そこで完結する薬剤や手技などをチョイスしたかのチェックにもなる
2ndテストカール	狙った形が出たかの答え合わせをする役割	パーマプログラムが適正だったかの再確認。自分の中での合格点に達していない場合は、必ずその原因を探る
中間水洗	還元剤と処理剤の仕事を緩める役割	薬剤の作用は均一に弱める必要がある。そのため、中間水洗は、ロッドの回転数や処理剤の塗布量なども考慮し、必ずシャンプー台で水洗する
バッファー	髪のpHを徐々に戻す役割	形状の固定とコンディション均一化を図るために、ロッドの裏まで丁寧につける必要がある
酸化剤塗布	髪につけた形を固定し、還元剤の仕事を終わらせ、髪のpHを元の状態に戻す役割	

パーマ施術の役割と意味

パーマの施術を流れ作業でやっていませんか。パーマプロセスを考える時、僕はプロセスの役割と意味を考えることが大切だと思っています。

なぜかというと、各プロセスの役割を知ると、そこでやるべきこととの意味も見出せるからです。例えば、同じカールをつくる場合でも、厚みでコントロールするか、巻き方や回転数でコントロールするか、薬剤はどんなものにするかなど、考えられる選択肢は無限にあります。

その中で、「自分ならこれ!」とチョイスできるのは、まさに各プロセスの役割と意味が明確になっているからなのです。

ここでは、そうしたチョイスができるようになるために、パーマのプロセスを役割と意味で分解してみました。いわば、これは「僕がパーマ施術をする際、各プロセスの中で意識していること」とも言い換えることができます。

まずは、じっくりとプロセスの役割と意味を読んでみて、あなたならではのチョイスにつなげてもらえたら嬉しく思います。

クルーマネジメントとは？
～施術の進行を円滑にするノウハウ

クルーマネジメントのオペレーション

スタイリストが行うこと

- ・皮膚感覚を駆使した毛髪診断を行い、髪の状況を把握
- ・お客様の好みと要望をつかむ
- ・お客様のケアレベル、スタイリングレベルを把握する
- ・今日提案するデザインの方向性を決める

- ・決定したデザインの方向性に齟齬がないか確認する
- ・カット中にひらめいた事柄も大事にする

- ・今日、提案するパーマデザインについて、再度説明する
- ・必要があれば、そのためのケアの方法、スタイリングの方法も伝える
- ・毛髪診断の内容を再確認すると共に、全体のデザイン構成をイメージしつつ、手技と厚みと回転数を細部までイメージする
- ・ロッドアウト時は、自分の目と手で確認し、施術内容が適切だったかを再確認する。必要があれば、アシスタントにも状況をシェアして、手技や薬剤選定のポイントを伝える

- ・今日の感想をお聞きする
- ・自宅でのケアの方法、スタイリングの方法も伝える
- ・必要があれば、ここで商品の提案も
- ・次回のデザインの方向性も軽く確認し、次回来店の日程を伺う

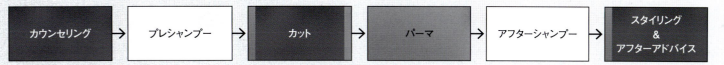

カウンセリング → プレシャンプー → カット → パーマ → アフターシャンプー → スタイリング＆アフターアドバイス

- ・お客様の普段のシャンプーやトリートメント状況を確認しつつ、髪に何か不具合がないかをお聞きする
- ・施術中に気づいた髪の状況を覚えておく

- ・必要があれば、プレシャンプー時に聞いた内容や、自分が気づいた髪の状況をスタイリストと共有する

- ・カウンセリングの内容やシャンプー時に感じた事柄などから、そのお客様に使うロッド構成を自分なりにそろえる
- ・カットの終盤か、終了のタイミングで、このお客様に使用するロッドと薬剤を確認する

- ・スタイリトの施術のサポートをする
- ・スタイリストが最短で取れるように、常に手元にロッドなどを出す
- ・ロッドアウト時は、スタイリストと一緒にかかり上がりを確認し、施術内容が適正だったかのおさらいをする

- ・今日の施術についての感想をお聞きする。場合によっては不具合はなかったかも確認
- ・このタイミングで、お客様が普段使っているシャンプーやトリートメントについて確認することもある

- ・スタイリストのお客様へのアドバイスを聞きながら、自分のスキルや知識にプラスする
- ・必要があれば、アフターシャンプー時に聞いた内容をスタイリストに伝達する

アシスタントが行うこと

■ ＝スタイリスト単独で行う　□ ＝アシスタント単独で行う　■ ＝2者共同で行う

営業中、どこで何をするかの型

冒頭でもお伝えした通り、クルーマネジメントとは、スタイリストとアシスタントが一つのクルーとなり、お客様に対応する、そのための方法です。ここでマネジメントを行うのは、スタイリストになります。

基本的にアシスタントは、スタイリストの指示に則って施術をサポートします。クルーマネジメントの大きな目的は、施術を円滑に進めることです。

サロンワークでのパーマ施術の流れは、「カウンセリング→プレシャンプー→カット→パーマ→アフターシャンプー→スタイリング＆アフターアドバイス」で構成されます。

この中で、スタイリストはどのタイミングでアシスタントにセット面に入ってもらうか、またアシスタントはどのタイミングでスタイリストに様々な確認を行うか、スタイリストがお客様ごとにそのタイミングをマネジメントするわけです。

『ANTI』では、施術の流れのどこでアシスタントが施術に入るか、あるいはスタイリスト単独で施術するかの目安があります。上にまとめたのが、施術の流れの中にその目安を入れたものです。

いわば、これがクルーマネジメントの型になります。スタイリスト、アシスタントは、この型を頭でイメージしながらサロンワークを行います。型とはいえ、実際のサロンワークではお客様のタイプや髪の状況、求めるデザインなどで柔軟に変えています。

その時、役立つのが、前のページで解説した施術の役割と意味です。これを把握しておくと、その状況ごとに臨機応変な対応ができます。

またクルーマネジメントにはスタイリストの個性も入ってきます。例えば、お客様との会話を楽しみながらアシスタントも含めて施術をする人もいれば、寡黙に仕事に集中しつつ施術をする人もいます。

次から始まるケーススタディは、そのことをベースに、ミドルダメージの標準的なお客様のケース、ハイダメージでケアを重視するケース、ハイダメージでもスピードを重視するケースという設定で、クルーマネジメントをしています。

ここでは、異なるケースに合わせて、スタイリスト三者三様のクルーマネジメントを見てください。また「自分ならこのケースではこうマネジメントするかもな」という視点で見てもらいたいと思います。

円すいの中間巻きで顔周りを根元から動かし
スタイルに自然な束感を出す

hair：KAORI
make-up：MIYU（共にANTI）

Case 01
ミドルダメージ毛へ
スタンダードな施術の流れで
対応するケース

BEFOREとお客様の要望

BEFORE

髪質	直毛
太さ	普通
毛量	多め
ケミカル履歴	5か月前にパーマをかけ、9か月前に顔周りにのみブリーチハイライトを入れた。前髪は毎日アイロンを当てている
ダメージ	ミドルダメージ
カットベース	マッシュラインのレイヤーベース

お客様データ

職業	イラストレーター
年齢	26歳
要望	5か月前から髪を伸ばしている。前髪も伸ばし中だが、最近うっとおしくなってきたので、顔周りの印象を変えて、おしゃれに見せたい

カウンセリング

お客様が話すケミカル履歴は盲信しない

カウンセリングでは、現在からさかのぼる感じでヘアスタイルのケミカル履歴を確認していく。その際、お客様が記憶を基に話す内容を盲信しないこと。問診内容に加えて、手触り、色、髪の動きをチェックし、ダメージの見落としがないよう細部まで確認。

毛髪診断は、ドライとウェットで行うのが鉄則

毛髪診断は、ドライとウェットの二側面でチェックする。今回のように顔周りにハイライト、表面、毛先にパーマと素材条件が異なる場合は、入念に視触診をして問診内容とすり合わせる。ちなみに今回は前髪の触感の違いに気づき指摘したところ、「毎日、アイロンを使っている」ことが分かった。

女性像の共有とプロ目線の提案

まずは目指す女性像をしっかりと共有。次にご要望を踏まえた上で、技術者からの提案をすること。毎日のスタイリングが楽しくなるような、再現性の高さも重要。お客様のライフスタイルに合わせて無理のないスタイル提案を心がける。

| カット | ⇒ | パーマ |

デザインのポイントとなる箇所は無言で集中する

施術中はお客様との雑談も楽しむが、デザイン的にポイントとなる箇所の場合は、「ちょっと集中させてくださいね」の一言と共に無言で施術を行う。

塗り分け時は声に出して確認

シス
お願いします

今回のように根元と毛先で塗り分ける際は、スタイリストは必ず「シス、お願いします」「サルファイト、お願いします」と、該当部位を塗る前にアシスタントに声がけをする。これによってカップの受け渡しのミスを防いでいる。

for ASSISTANT ドライカット終盤でロッドの確認

こちらのロッドでよろしいですか？

通常は、ドライカットしたカット終了のタイミングで、アシスタントが使用ロッドの確認を行う。仕上がりのスタイルをイメージして、アシスタント自らがロッドを選んで「こちらのロッドでよろしいですか？」とスタイリストに確認することで、アシスタントのロッド構成力を高めるチャンスにもなる。

for ASSISTANT アシスタントは距離感を意識する

POINT
スタイリストが作業しやすい距離感をキープ

ワインディング時、アシスタントはスタイリストの作業がしやすいように、スタイリストがロッドやペーパーを取りやすい距離感を意識する。

前処理塗布でダメージ状況をシェア

このお客様の場合は健康な内側部分を巻いてから前処理。前処理を行う場合は、アシスタントに塗布を代行させる。これにより、アシスタントはそのお客様のダメージ状況を把握し、その後のシャンプーやトリートメント選定を予測するのに役立てる。

for ASSISTANT 不要なロッドはできるだけ片づける

ロッド選定が決まった段階で、アシスタントはこの施術で使用しないロッドを片づける。これにより、ロッドの受け渡しミスを防ぎつつ、ワインディング作業もスムーズに進めることができる。

POINT
不要なロッドは片づけながら作業する

スタイリング&アドバイス

まずは普段使いのスタイリング剤を聞く

スタイリングなどの説明を行う場合は、まずお客様が普段使っているスタイリング剤は何かを確認する。そこを糸口にお客様のスタイリングスキルを把握しつつ、今回のスタイルのスタイリング方法をお伝えする。必要があれば、ここで推奨のスタイリング剤をお勧めすることも。

解説は、丁寧すぎるくらいがベスト

タオルドライの仕方でパーマの仕上がり感や持ちが変わることが多い。そのため解説する際は、そうした細かな部分も網羅するのがポイント。また乾かし方や剤のつけ方は普段、お客様がやりやすい姿勢なども交えてアドバイスする。

POINT 実際に動作をやってみせる

AFTER

デザインのメインは、顔周りの動き。レイヤー部分をハネさせてアクセントをつくる。キーは顔周りとつながるスソのうねり感。サポートとして表面の自然な毛流れをつくり、全体をカジュアルモードな雰囲気にまとめている。

PERM DATA

1剤	顔周り=サルファイト系 根元=シスチオ系、毛先=シス系 巻き上がり後、15分放置
塗り方	セクションごとにその都度塗布
2剤	ブロム酸。5分5分の2度づけ
ロッド	イエローグリーン（17ミリ）、ライトブルー（15ミリ）、オレンジ（13ミリ） ロング:パープル（14ミリ）

中間巻きでつくる大きなうねりと空気感で
ナチュラルなクセの動きを表現

hair：TOSHIYUKI KOMATSU
make-up：KAHO（共にANTI）

Case 02
ハイダメージ毛に
ケアを重視した施術の流れで
対応するケース

KPM CASE STUDY

BEFOREとお客様の要望

BEFORE

髪質	えり足に生えグセあり
太さ	太め
毛量	多め
ケミカル履歴	1か月前にブリーチを2回して、リフトアップした。そこへさらに半月前パーマをかけた。中間から毛先にはまだパーマが残っている状態。
ダメージ	ハイダメージ
カットベース	トップが長めのレイヤーベース

お客様データ

職業	学生
年齢	22歳
要望	ボブかショートを希望。1か月後にイベントで着物を着る機会があるので、着物にも似合うようなデザインにしてほしい。

カウンセリング

昨今のドライヤー事情もお知らせするのがポイント

昨今の高性能ドライヤーの中には風質などの影響でパーマをキャンセルしてしまうものがある。サロンではパーマを希望されるお客様にはそうした事柄もお伝えするようにしている。特にダメージ毛の方の場合は「パーマが取れた」と勘違いされやすいので必ず伝えるのが◎。

正面だけでなく、サイドビューもチェック

今日提案するデザインを決める場合は、正面からの見え方だけでなく、必ずサイドなど別角度からの見せ方も確認する。こうすることでお客様の仕上がりイメージとの齟齬をなくす。

前処理を行う場合は、事前にアシスタントと状況をシェア

前処理を行う場合は、アシスタントがシャンプーしてセット面にお連れした段階で、ダメージ状況を共有する。今回は、ダメージ度合いに合わせてパーマの残り具合もシェアした。

| カット | ⇒ | パーマ |

施術中は、基本、仕事に集中する

今回はウェットとドライでカット。基本、施術は無言で仕事に集中するのが小松さん流。ドライカットの前に少量のオイルをつけながら質感調整を行った。

for ASSISTANT
ドライカット終了のタイミングでロッドを確認

通常の流れに従い、カットプロセス終了に差しかかったドライカットの終盤で、アシスタントが使用ロッドの確認に入る。ここでは薬剤選定の確認も行う。今回は、前処理を重ねづけすることになった。

for ASSISTANT
前処理の段階で、アシスタントも施術に加わる

前処理からアシスタントが施術に加わる。今回は処理剤を塗布後、いったんドライした後に再塗布するプロセスを組んだ。今回は、前処理剤を1度塗布した段階で、指示を出し、施術を再開する流れ。

アイコンタクトでドライ具合の意思疎通を取ることも

75%ドライで

ドライをする場面の一コマ。乾かす前にドライ具合を伝える。サロンではドライ具合を数値化してスタッフは皮膚感覚で覚えている。そのため「このお客様は75%で」のように事前に指示してからドライする。またドライ中、アシスタントが部位によってドライ具合が変わるか判断しかねる場合は、アイコンタクトで確認することもある。

ワインディング中も会話する内容は必要最低限

ワインディングしながら、ロッド構成を再確認したり、微調整することなど、様々な事柄を考えながら施術するため基本、施術中は仕事に集中している。

スタイリング&アドバイス

本人のスタイリングスキルもしっかり確認しておく

パーマではドライヤー選びに加えて、ドライの仕方も非常に重要。特にダメージしている髪の方は、自然乾燥のほうが圧倒的にパーマの質感が出やすい。ここではそうしたことを踏まえて、普段の乾かし方についてしっかり説明する。

お客様には髪を触ってもらい、仕上がりを実感いただく

スタイリングのタイミングでは、スタイリング前(パーマ施術完成)の髪の触り心地や、ドライした場合の乾き具合などを実際に触ってもらうことで実感いただく。このほうが、普段の髪や自分の乾かし方との違いが知れるし、お客様の記憶にも残りやすい。

AFTER

クセ毛のように大きくうねる髪をデザインのメイン要素として顔周りに配置し、束感と空気感を表現する。パートから自然に流れる毛流れが、顔周りのうねり感をサポートしながらバランスを取っている。

PERM DATA

1剤	サルファイト系。巻き上がり後、15分放置
塗り方	セクションごとにその都度塗布
2剤	ブロム酸。5分5分の2度づけ
ロッド	ライトブルー(15ミリ)、ピンク(12ミリ)、パープル(10ミリ)

ブリーチしたウルフのフォルムを活かし
クセのようなうねりをつける

hair：YUKA
make-up：MAI（共にANTI）

Case 03
超ハイダメージ毛に
スピーディな施術で
対応するケース

BEFOREとお客様の要望

BEFORE

髪質	直毛
太さ	普通
毛量	多め
ケミカル履歴	過去にパーマ経験あり。直近ではブリーチ（毛先は3回）とオンカラーの施術をしている
ダメージ	ハイダメージ
カットベース	ウルフベース

お客様データ

職業	飲食業
年齢	25歳
要望	近々、誕生日のイベントがあるのでイメージを変えたい。できれば現状の長さは変えずに緩めのパーマをかけたい

カウンセリング

ダメージ毛ほど、希望のパーマスタイルができるかを明確に

ダメージ毛のお客様はできるスタイルが限られることがある。そのため、問診ではこれまでのケミカル履歴などを確認しつつ、お客様が希望するパーマスタイルが可能かどうかをしっかりと技術者が把握する必要がある。

基本通り、ドライとウェットの両面からチェック

毛髪診断は、基本に忠実にドライとウェットの両面でチェック。原則、根元から毛先までのダメージレベルが違うことも多いので、見逃さないようにする。

POINT 同じ箇所でチェックする

「今日できるパーマ」をしっかりとお客様に伝える

お客様の要望を聞いた上で、毛髪診断をして、ヘアケアやスタイリング方法も重要であることをお伝えした後、希望のスタイルがどのくらい再現できるかを説明し、コンセンサスを取る。

| カット | → | パーマ |

ダメージ度が高いので カットの負担も考慮する

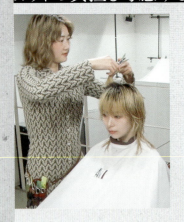

今回はダメージ状況と、現在の髪の厚みの状態から削ぎは入れず、ベースカットのみで進めることに。

for ASSISTANT
自分なりの構成を考えた上で、カット終了のタイミングでロッドを確認

アシスタントはシャンプー中のお客様との会話から、今日提案するスタイルをイメージし、自分なりにロッド構成を考えてロッドを用意おく。今回は、これをカット終了のタイミングでスタイリストに確認。

for ASSISTANT
アシスタントは髪の状態を把握しつつサポートを行う

ヘルプ時、アシスタントは単にスタイリストをサポートするのではなく、髪の状態を把握し、施術の流れを考えながらサポートすることが重要。そうすることで、ミスがなくなり、自信のスキルアップにもつながる。

for ASSISTANT
ダメージ毛へのワインディングはスピードが命

ダメージのある髪ほど薬剤が作用しやすいもの。つけ巻きが基本の『ANTI』では、ダメージ毛の場合、特にワインディングはスピーディに行うことを心がけている。

for ASSISTANT
スタイリストの動きを読みながら機敏に動く

スピーディなワインディングをサポートするため、アシスタントは常にスタイリストが作業しやすい位置にタイミングよくカップやロッド、ペーパーを出す。そのため、アシスタントはスタイリストの次の動きを読みながらサポートする必要がある。

KPM CASE STUDY

スタイリング&アドバイス

本人のスタイリングスキルも
しっかり確認しておく

特にダメージ毛の場合はスタイリングの仕方によっては望むスタイルにならない場合がある。そのため、最後のスタイリングとそのアドバイスをお知らせする場合は、まずお客様のスタイリングスキルがどの程度あるかを確認する。

スタイリングは、細かく、的確に伝え、
実際にやってみせる

お客様の普段のスタイリングの仕方を確認した上で、ホームケアやスタイリングの方法をお伝えする。例えば、スタイリング剤は、テクスチャーに加え、どの部分にどのくらいの量が必要かなど、できる限り、細かく、的確にお伝えすることで、今日つくったパーマデザインが自宅でも再現できるようにする。

POINT
スタイリング剤の量は
具体的に見せる

AFTER

デザインのメインは、前髪、顔周りの毛先の緩やかな抜け感。キーはそこにつながるネープの動き。さらにサポートは、フロントトップにつくった緩やかに波打つ、根元の動き。

PERM DATA

1剤	サルファイト系。巻き上がり後、15分放置
塗り方	セクションごとにその都度塗布
2剤	ブロム酸。5分5分の2度づけ
ロッド	ライトブルー（15ミリ）、オレンジ（13ミリ）、ピンク（12ミリ）、ベージュ（11ミリ）ロング：ピンク（16ミリ）、パープル（14ミリ）

巻末インデックス

MODEL DATA BASE
モデルデータベース

ここからは前編第1〜6章でご紹介したモデルのプロセスをインデックス形式でご紹介します。
今回ご紹介のモデルは前編で解説している12の手技を主体につくられています。
ここではモデルのプロセスを見ながら、前半の手技の復習に役立ててください。
またインデックスではあえて巻き上がりのみを掲載しているコーナーもあります。
ここでは、『ANTI』のパーマのセクションを頭の中に思い浮かべつつ、
どの順番で巻いていったかを想像しながら読むと、あなたのパーマスキルがグッとアップします。

- 🟥 第1章データベース　P098-101
- 🟧 第2章データベース　P102-105
- 🟨 第3章データベース　P106-109
- 🟩 第4章データベース　P110-111
- 🟦 第5章データベース　P112-113
- 🟪 第6章データベース　P114-117

 MOVIE

前編で紹介しているStyle ＃01〜
16までのプロセス動画はこちらの
QRコードから視聴できます。

瞬時に手技の種類が判別できる！
ANTI流「巻き方」表記法

中間巻きや、毛先上出し、下出しなど、『ANTI』には、いろんな手技があります。これを一目で判別しやすいように簡略化したのが、『ANTI』流の「巻き方」表記法です。これらは各手技の巻き方の特徴を略して並べたもの。このように巻き方を略すと、どんな巻き方をしたのかがイメージしやすくなります。また略しているのでカルテなどのメモにも素早く記載できるというメリットもあります。以下に表記の方法と、読み方を解説します。

■ 表記法の見方
例)「円すいロッドを用いて、円すいの細いほうに向かってフォワード方向に2回転の中間巻きをし、根元は毛束を乗せて、円すいの太いほうに向かって逆巻きで0.5回転巻きつけた」場合の表記は…

→ **F中2円細＋0.5逆（乗）円太** と表記

「F中2円細」＝中間巻きの中間〜毛先の巻き方および、毛先巻き、スパイラル巻きの巻き方

F
中間〜毛先の巻きつけの方向
- **F＝フォワード**
- R＝リバース
- 上＝毛先上出し
- 下＝毛先下出し
- 記載なし＝平巻き

中
巻き方の種類
- 先＝毛先巻き
- **中＝中間巻き**
- 元＝根元巻き
- スパ＝スパイラル

2
ロッドに巻きつけた回転数

円細
ロッドの種類
- 円太＝円すいで太いほうに巻きつけ
- **円細＝円すいで細いほうに巻きつけ**
- L＝ロングロッド
- ※記載なし＝レギュラーロッド

「＋0.5逆（乗）円太」＝中間巻きの中間〜根元の巻き方、「＋」以降の記載がない場合は、中間巻きをした後、根元を巻いていない

＋0.5
根元に向かって巻いた回転数

（逆）
中間〜根元の巻きつけの方向
- F＝フォワード
- R＝リバース
- **逆＝逆巻き**
- ※記載なし＝平巻き

（乗）
中間〜根元の巻きつけ方
- **乗＝毛束乗せ**
- ※記載なし＝毛束ずらし

円太
ロッドの種類
- **円太＝円すいで太いほうに巻きつけ**
- 円細＝円すいで細いほうに巻きつけ
- L＝ロングロッド
- ※記載なし＝レギュラーロッド

＝

F中2円細＋0.5(逆乗)円太

＊一部の巻き方の表記において、2回転未満のものでも中間から巻いている（例「中1.5」）と表記したものがあります。これは「中間巻きの質感は出ないが、ワインディングの所作として中間から毛束を巻いたもの」とご理解ください。

第1章
ストランドの"厚み"のアルゴリズム

P18 Style #01　質感の出方に強弱をつけて無造作感を出す

Before

- **髪質** 硬毛。中間から少しうねるクセがある　**太さ** 太め　**毛量** 多め　**ダメージ** ローダメージ
- **ケミカル履歴** カラーは中明度のアッシュブラウン。半年前にかけたパーマが毛先に少し残っている
- **カットベース** ミディアムのレイヤーベース

P19 Style #02　ハチ張りを中間巻きで動きに変える

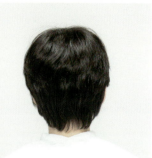

Before

- **髪質** 軟毛。トップに根元が浮く生えグセあり　**太さ** 普通　**毛量** 多め
- **ダメージ** ローダメージ　**ケミカル履歴** 2か月前のパーマが毛先に残っている
- **カットベース** 重めのセイムレイヤー

P20 Style #03　柔らかい動きで全体に躍動感を表現

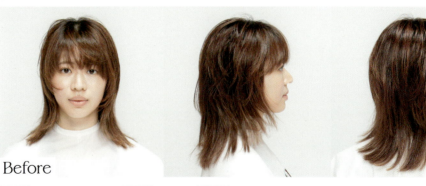

Before

- **髪質** クセのない直毛　**太さ** 普通　**毛量** 普通
- **ダメージ** ローダメージ　**ケミカル履歴** 中明度のカラーを2か月おきに行っている
- **カットベース** ミディアムのレイヤーベース

第1章
Style #01
モデル解説

ROD ON

PLAIN RINSE

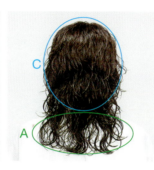

PERM DATA

1剤	シスチオ系。巻き上がり後、10分放置
塗り方	セクションごとにその都度塗布
2剤	ブロム酸。5分5分の2度づけ
ロッド	ライトブルー（15ミリ）、オレンジ（13ミリ）、ピンク（12ミリ）、ブルー（10ミリ）
ワインディング	A メイン：すそにウェービーな質感 B キー：顔周りに沿うワンカール C サポート：前髪とトップの大きなウェーブ
巻き方	①R中2.5+0.5（逆）、②F中2.5+0.5（逆）、③中2円太、④R中2.5、⑤R中2円細+0.5円太、⑥R中2円太+0.5円細

TECHNIQUE

1 まずはパーマの残っている毛先にアムラ由来のトリートメント処理剤で前処理をする。

2 ネープは5ブロックに分け、リバース逆巻き（①／「巻き方」を参照。以下同）で巻く。

3 2段目も5ブロックに分け、先ほどより薄めの厚みに統一。巻く方向を変えたフォワード逆巻き（②）で巻く。

4 顔周りは中間巻き（③）で巻き、ボリュームをつける。逆側も同様に巻く。

5 その上は、中間巻き（④）で巻き、リバースの毛流れ感を出す。逆サイドも同様に巻く。

6 前髪は4つに分け、センターの2本が厚め、両端は細めに取る。センターは円すいを使って中間巻き（⑤）で巻く。

7 両端は、円すいの向きを変えた⑥で巻く。

8 トップも⑥で巻いて、リバースの毛流れ感と大きなうねりをつけていく。

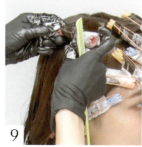

9 バックトップまですべて同様に⑥で巻く。

10 ミドルは、5ブロックに分けて、④で巻く。

第1章
Style #02
モデル解説

ROD ON

PLAIN RINSE

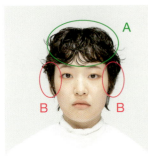 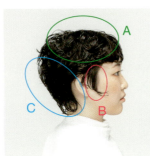 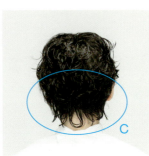

PERM DATA

1剤
シスチオ系。巻き上がり後、10分放置
塗り方
ストランドごとにその都度塗布
2剤
ブロム酸。5分5分の2度づけ
ロッド
ベージュ(13ミリ)、ピンク(12ミリ)、ブルー(10ミリ)、パープル(8ミリ)
ワインディング
A メイン:トップを中間巻きでボリューム操作 B キー:もみあげにハーフカールでアクセント C サポート:バックに束感をつくり馴染ませる
巻き方
①中2、②中2(乗)、③上先1.5、④上先1.25、⑤上先1、⑥先1.25

TECHNIQUE

    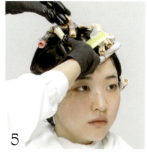

1 根元にロッドを当て、中間巻き(①/「巻き方」を参照。以下同)で巻く。

2 トップのフロント側も同様に中間巻きで巻くが、

3 根元は毛先側の毛束の上に乗せて、ゴムかけする(②)。トップはこれら2種類の巻き方を交互に配置する。

4 もみあげ部分は毛先上出し(③)で巻き、ハネ感をつくる。

5 続いて前髪の表面は、毛先上出し(④)で巻く。

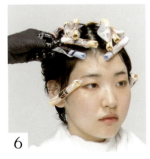   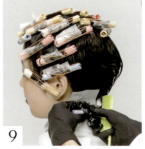 

6 下の部分は、さらに手先上出し(⑤)で巻く。

7 サイドは、1.25回転の毛先巻き(⑥)を配置。

8 バックトップは、中間巻き(②)で巻いて、うねりをつくる。

9 バックの下側は、すべて手先巻き(⑥)で巻いていく。

10 逆側も同様に巻いた後、中間水洗。その後、2剤を塗布。

第1章
Style #03
モデル解説

MODEL DATA BASE

ROD ON

PLAIN RINSE

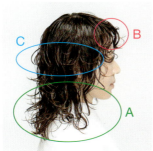
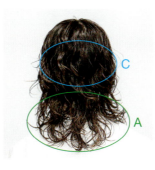

PERM DATA

1剤
シスチオ系。巻き上がり後、10分放置
塗り方
ストランドごとにその都度塗布
2剤
ブロム酸。7分7分の2度づけ
ロッド
オレンジ(13ミリ)、ピンク(12ミリ)
ワインディング
A メイン：すそのソフトなうねり感 B キー：前髪に2種類のうねりをつけアクセントに C サポート：ミドルの馴染ませ
巻き方
①中2円太＋0.5円細、②中2円太＋1円細、③中3（乗）、④中1.5円太＋0.25円細

TECHNIQUE

1 毛先中心にアムラ由来のトリートメント処理剤を塗布し前処理をする。

2 サイドのトップは、円すいを使った中間巻き(①／「巻き方」を参照。以下同)で巻く。

3 中間巻きで根元を巻いているところ。根元を巻き上げることで毛先のうねり方が変わる。

4 サイドは円すいの方向を変え、中間巻き(②)を配置。

5 またサイドは巻き上げの回転数を上げて、毛先のうねり方に変化をつける。

6 バックトップも中間巻き(②)で巻いて、自然なうねりをつくる。

7 ミドルは5ブロックに分け、ロッドを1段階落として中間巻き(①)を配置。

8 ネープは3ブロックに分け取り、同様に中間巻き(①)で巻く。

9 前髪は2段で分けて、表面は中間巻き(③)で巻く。

10 下側は円すいを使い、回転数を変えた中間巻き(④)で巻く。

第2章
ロッドと回転数のアルゴリズム

P28 Style #04　顔周りとバックでカールに抑揚をつける

Before

- 髪質　中間からうねる大きなクセがある
- 太さ　太め
- 毛量　多め
- ダメージ　ノーダメージ
- ケミカル履歴　特になし
- カットベース　長めのウルフレイヤー

P29 Style #05　アイロンで巻いたような弾力のあるカール

Before

- 髪質　大きくうねるクセがある
- 太さ　普通
- 毛量　普通
- ダメージ　ノーダメージ
- ケミカル履歴　特になし
- カットベース　トップのレイヤーの入ったグラボブ

P30 Style #06　複数の中間巻きを配置し、ランダムな動きをつくる

Before

- 髪質　クセのない直毛
- 太さ　細め
- 毛量　多め
- ダメージ　ミドルダメージ
- ケミカル履歴　地毛の黒髪ベースに全体に10レベルのハイライトが入っている
- カットベース　マッシュウルフ

第2章 Style #04
モデル解説

MODEL DATA BASE

ROD ON

PERM DATA

1剤
シス系。巻き上がり後、10分放置

塗り方
ストランドごとにその都度塗布

2剤
ブロム酸。5分5分の2度づけ

ロッド
ライトブルー（15ミリ）、オレンジ（13ミリ）、ピンク（12ミリ）、ベージュ（11ミリ）、ロング：ピンク（16ミリ）、パープル（14ミリ）

ワインディング
A メイン：顔周りの根元からのウェーブ
B キー：ヘムライン抑揚のあるカール
C サポート：前髪のワンカール

巻き方
①F中3L円太、②F2+0.25（逆）、③F中3L、④R中3L円太、⑤F中4L円細+0.25L円太、⑥F中3L円太+0.5L円細、⑦R中2+0.25（逆）、⑧F中3、⑨F中3L+0.25L、⑩中2円太、⑪先1.5

PLAIN RINSE

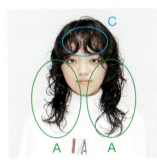

TECHNIQUE

1 ネープは5ブロックに分け、ロング円すいの中間巻き（①／「巻き方」を参照。以下同）で巻く。

2 隣はロングロッドで回転数を変えた中間巻き（②）。ネープの逆側も同様に2本巻く。ネープ中央はロング円すいで中間巻き（③）。

3 ミドルは4ブロックで巻く。1本目はロング円すいでリバースに中間巻き（④）。隣はロングでフォワードの中間巻き（⑤）に同様に巻く。ミドルはこれを繰り返す。

4 トップは3ブロックで巻く。ロング円すいロッドで中間巻き（⑤）。隣は円すいを逆にした中間巻き（⑥）。

5 もみあげはリバース逆巻き（⑦）を配置

6 その上は、中間巻き（⑧）で巻く。

7 ハチ周辺は、ロング円すいで回転数を変えた中間巻き（⑨）で巻く。

8 顔周りの表面は2つに分けて、円すいで中間巻き（⑨）で巻く。その下も同様に。

9 ハチ上は、円すいでリバースに中間巻き（④）で巻く。

10 前髪は3つに分けて、毛先巻き（⑪）をする。

第2章
Style #05
モデル解説

ROD ON

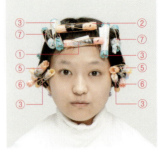

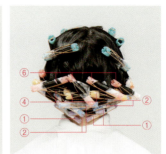

PLAIN RINSE

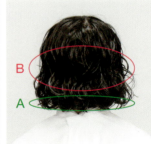

PERM DATA

1剤
シスチオ系。巻き上がり後、10分放置

塗り方
セクションごとにその都度塗布

2剤
ブロム酸。5分5分の2度づけ

ロッド
ライトブルー（15ミリ）、オレンジ（13ミリ）、ピンク（12ミリ）、ブルー（10ミリ）、パープル（8ミリ）

ワインディング
A メイン：アウトラインになる部分にアイロンで巻いたような弾力のあるワンカール
B キー：表面にアイロンで巻いたようなS字のうねり
C サポート：前髪。ナチュラルなワンカール

巻き方
①先1、②先1.25、③上先1.5、④先1.5、⑤F中2、⑥R先1.75（逆）、⑦R中2+0.5（乗）、⑧R中2+0.5、⑨F中3L+0.25L、⑩中2円太、⑪先1.5

TECHNIQUE

1 えり足から巻く。3ブロックで分け、毛先巻き（①）で巻く。

2 えり足の2段目。5ブロックで分けて、毛先巻き（②）で巻く。

3 サイドは毛先上出し（③）で巻く。逆側も同様に。

4 ミドルは5ブロックで分けて、毛先巻き（④）で巻く。

5 サイドの1本上の段は、フォワードの中間巻き（⑤）で巻く。逆側も同様に。

6 ミドル上側は6ブロックで分けて、リバース逆巻き（⑥）で巻く。

7 フロントトップは、リバースの中間巻き（⑦）で巻く。

8 隣は、中間巻き（⑧）を配置。逆側も同様に巻く。

9 前髪は4ブロックで分けて、下側は毛先巻き（①）で、上側は毛先巻き（②）で巻く。

10 サイドバングは毛先上出し（③）で巻く。

第2章 Style #04
モデル解説

ROD ON

PLAIN RINSE

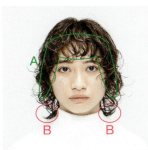
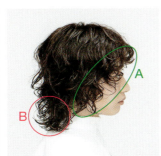
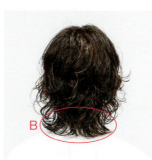

PERM DATA

1剤
シス系。巻き上がり後、10分放置

塗り方
その都度塗布

2剤
ブロム酸。5分5分の2度づけ

ロッド
イエローグリーン(17ミリ)、ライトブルー(15ミリ)、オレンジ(13ミリ)、ピンク(12ミリ)、ブルー(10ミリ)、パープル(8ミリ)

ワインディング
A メイン：フロントのマッシュラインにカーリーな質感
B キー：ネープのハネ感

巻き方
①中2+0.5、②中2、③R中2+0.25、④先2、⑤先1.5、⑥中2（乗せ）、⑦先1.5（逆）、⑧F中2+0.25、⑨F中3L+0.25L、⑩中2円太、⑪先1.5

TECHNIQUE

1 中間～毛先に、アムラ由来のトリートメント処理剤を塗布する。

2 フロントから中間巻き（①／「巻き方」を参照。以下同）で巻く。

3 その下は、巻き上げなしの中間巻き（②）で巻く。

4 その隣は、リバースの中間巻き（③）で巻く。

5 前髪は、2段に分けて表面は毛先巻き（④）、内側は回転数を落とした毛先巻き（⑤）でそれぞれ巻く。

6 フロントトップは、根元を乗せた中間巻き（⑥）で巻く。

7 隣は、ロッドを1段階上げて、③で巻く。逆側も同様に巻く。

8 えり足は4ブロックに分けて⑦で巻く。

9 ミドルは、5つに分けて、フォワードの中間巻き（⑧）とリバースの中間巻き（③）を交互に配置。

10 バックトップは4ブロックに分けて、同様に中間巻き⑧と③を交互に巻く。

第3章
ロッド構成のアルゴリズム

P38 Style #07　上出し、下出しのコンビで抑揚のあるハネ感を

Before

| 髪質 | ツヤとハリのある直毛 | 太さ | 太め | 毛量 | 細め |

| ダメージ | ノーダメージ | ケミカル履歴 | 特になし |

| カットベース | 低い位置からレイヤーの入ったマッシュボブ |

P39 Style #08　ブリーチ毛に"ゆらぎ感"のある質感をつける

Before

| 髪質 | クセのない直毛。しっかりとした髪 | 太さ | 普通 | 毛量 | 多め | ダメージ | ハイダメージ |

| ケミカル履歴 | ブリーチ後、オンカラーして褪色した状態。ただし髪の芯は少し残っている |

| カットベース | トップが長めのレイヤーベース |

P40 Style #09　リバース逆巻きで、縦落ちのウェーブ感を表現

Before

| 髪質 | クセのない直毛 | 太さ | 普通 | 毛量 | 普通 | ダメージ | 根元～中間／ミドルダメージ、中間～毛先／ハイダメージ |

| ケミカル履歴 | 1.5～2か月周期で中明度のカラーをしている。毛先10センチくらいにブリーチハイライトの履歴あり。半年に1回ペースでパーマをしている。 |

| カットベース | ロングのレイヤーベース |

第3章
Style #07
モデル解説

ROD ON

PLAIN RINSE

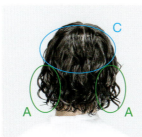

PERM DATA

1剤
シスチオ系。巻き上がり後、15分放置

塗り方
一度全体に塗布後、さらにセクションごとにその都度塗布

2剤
ブロム酸。5分5分の2度づけ

ロッド
ライトブルー（15ミリ）、オレンジ（13ミリ）、ピンク（12ミリ）、ベージュ（11ミリ）、ブルー（10ミリ）、グリーン（9ミリ）

ワインディング
A メイン：ハチ下のハネ感
B キー：前髪のカール
C サポート：トップの根元から動くウェーブ

巻き方
①先2、②下1.5＋0.5、③上1.75＋0.5、④先2.5逆、⑤中1.5＋0.5（乗）、⑥上1.75

TECHNIQUE

1 ネープは同じ厚みで3ブロックに分け、毛先巻き（①／「巻き方」を参照。以下同）で巻く。

2 その上も3つに分け、同様に①で巻いていく。

3 ネープ上は5ブロックで巻く。1本目は毛先下出し（②）で巻き、

4 その隣は、毛先上出し（③）で巻く。このセクションは、②と③を交互に配置する。

5 サイドは、毛束を収束（毛束を集めて毛先を細くすること）させ、逆巻き（④）で巻く。

6 その上は、同じ厚みで2つに分け、手前側は毛先上出し（⑤）で巻く。

7 奥側は、ステムをリバースに引いて、毛先下出し（②）で巻く。

8 サイドの表面は、同じ厚みに2つに分けて、毛先上出し（③）で巻く。

9 前髪は4ブロックに分けて、下の2本は毛先巻き（①）で巻き、上の2本は毛先上出し（⑥）で巻く。

10 バックのミドル（5ブロック）と、トップセクション（3ブロック）は毛先下出し（②）で巻く。

第3章
Style #08
モデル解説

ROD ON

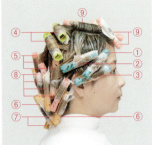

PLAIN RINSE

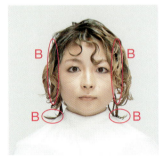

PERM DATA

1剤
シスサルファイト系。巻き上がり後、10分放置

塗り方
その都度塗布

2剤
ブロム酸。5分5分の2度づけ

ロッド
イエローグリーン（17ミリ）、ライトブルー（15ミリ）、オレンジ（13ミリ）、ピンク（12ミリ）

ワインディング
A メイン：表面とハチ周りの大きなゆらぎ
B キー：顔周りとえり足のハネ感
C サポート：ぼんのくぼの馴染ませ

巻き方
①中3、②F中2+0.25（逆）、③中2+0.25、④中2+1、⑤中2+0.25（逆）、⑥中2+0.5（乗）、⑦中2+0.5（逆）、⑧中2+1（乗）、⑨中2+0.5

TECHNIQUE

1 まずアムラ配合のトリートメント処理剤を全体に塗布する。

2 メインとなる頭頂部から中間巻き（①／「巻き方」を参照。以下同）で巻く。

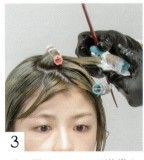

3 その下はフォワード逆巻き（②）を配置し、その隣は写真のようにステムを後方に引いて同様に巻く。

4 サイドバングは毛束の厚みを少し薄くして中間巻き（①）で巻く。

5 顔周りにも中間巻き（③）を配置し、耳上も同様に巻いていく。逆側も同様に。

6 バックトップは巻き上げの回転数を変えた中間巻き（④）で巻く。

7 隣は手束の厚みを薄くして同様に中間巻き（④）を配置。

8 ミドルは、逆巻きで巻き上げる中間巻き（⑤）で巻く。

9 ネープの下の段は5つに分けて1本目は中間巻き（⑥⑦）を交互に配置。上の段は6つに分け、2種類のロッドで中間巻き（⑧）で巻く。

10 前髪は2つに分けて、中間巻き（⑨）で巻く。

第3章
Style #09
モデル解説

ROD ON

PERM DATA

1剤
根元〜中間:シス系。中間〜毛先:サルファイト系。巻き上がり後、10分放置

塗り方
その都度塗布

2剤
ブロム酸。5分5分の2度づけ

ロッド
オレンジ(13ミリ)、ピンク(12ミリ)、ベージュ(11ミリ)、ロング:パープル(14ミリ)

ワインディング
A メイン:顔周りの縦に落ちるウェーブと毛先の動き
B キー:バックのすそにつくるランダムな動き
C サポート:表面のうねりのあるウェーブ

巻き方
①R中1.5+0.5（逆）、②R中2.5+1.5（逆）、③R中2.5円太L+1.5（逆）円細L、④F中2+1、⑤中2.5+1L、⑥R中3+1（逆乗）L、⑦R中2円太L+1.5（逆）円細L、⑧中2.5+1、⑨中2.5+1（乗）、⑩R中3+1（逆）L、⑪R中3+1、⑫中2円太L+1.5円細L

PLAIN RINSE

  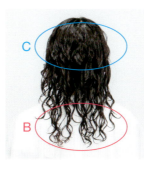

TECHNIQUE

1 中間〜毛先に、アムラ由来のトリートメント処理剤を塗布する。

2 もみあげにリバース逆巻き(①/「巻き方」を参照。以下同)を配置し、隣には回転数を変えたリバース逆巻き(②)を配置する。

3 さらに隣はロング円すいのリバース逆巻き(③)で巻く。

4 バングの1本目はフォワードの中間巻き(④)。2本目はロングロッドを使用しロッド径を上げた中間巻き(⑤)で巻く。

5 その隣はロングの円すいを使ったリバース逆巻き(⑥)を配置。

6 さらに隣はロングの円すいでリバース逆巻き(⑦)をする。

7 ネープは4つに分けて、端を中間巻き(⑧)、隣を同じ回転数の毛束乗せの中間巻き(⑨)で巻く。これを交互に。

8 その上は5つに分けて、端をロングでリバース逆巻き(⑩)をする。

9 隣は中間巻きの毛束乗せを配置(⑨)。さらにセンターにはリバースの中間巻き(⑪)を配置。逆端には⑩⑨を配置する。

10 ミドルからはすべて円すいの中間巻き(⑫)で巻いていく。

第4章 パーマの"仮説思考"

P48 Style #10　顔周りのループ感でカーリーな印象に

Before

髪質	緩く動くクセがある	太さ	普通	毛量	多め
ダメージ	ノーダメージ	ケミカル履歴	特になし		
カットベース	重めのマッシュボブ				

ROD ON

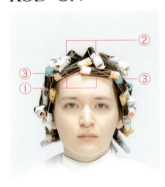

PLAIN RINSE

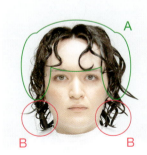

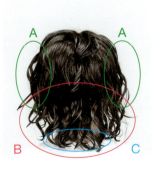

PERM DATA

1剤
シスチオ系。巻き上がり後、10分放置

塗り方
一度全体に塗布後、さらにセクションごとにその都度塗布

2剤
ブロム酸。5分5分の2度づけ

ロッド
ライトブルー（15ミリ）、オレンジ（13ミリ）、ピンク（12ミリ）、ブルー（10ミリ）

ワインディング
A メイン：前髪を含むフロントのシルエット上のくびれとカール感
B キー：グラのウエイトポイント周辺のくびれとカール感
C サポート：ネープのハネ感

巻き方
①先1.25、②R中2.25円太、③R1.5+0.5（逆）、④F先2円太、⑤元3.5円細、⑥F1.5+0.5、⑦F1.5+0.5（逆）、⑧F先1.5（逆）

P49 Style #11　中間巻きと毛先巻きでつくるスリークな動き

Before

髪質 緩く動くクセがある　**太さ** 普通　**毛量** 普通
ダメージ ミドル〜ハイダメージ　**ケミカル履歴** 根元以外をブリーチして、高明度のカラーをした髪
カットベース トップが重めのミディアムレイヤー

ROD ON

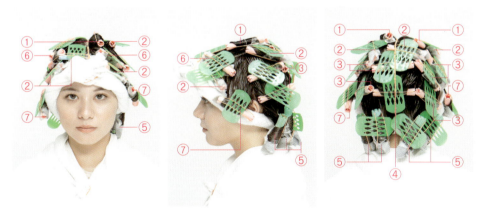

PERM DATA

1剤
全体にアムラ由来のトリートメント処理剤で前処理後、シサルファイト系。巻き上がり後、10分放置

塗り方
セクションごとにその都度塗布

2剤
ブロム酸。5分5分の2度づけ

ロッド
ライトブルー（15ミリ）、ピンク（12ミリ）

ワインディング
A メイン：スリークな毛先の動き
B キー：顔周りのランダムなうねり
C サポート：すそのナチュラルな動き

巻き方
①中1.5、②中1.5円太、③中2、④先1.5、⑤F中2、⑥中2円太＋0.25円細、⑦中2円太（乗）

PLAIN RINSE

  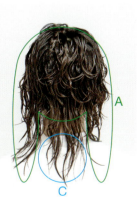

第5章
カットの「削ぎ」のアルゴリズム

P58 Style #12　厚みを変えてクセ毛のような束感を出す

Before

髪質 緩く動くクセがある	**太さ** 普通	**毛量** 普通
ダメージ ノーダメージ	**ケミカル履歴** 毛先にブリーチ履歴あり	
カットベース ショートのセイムベース		

ROD ON

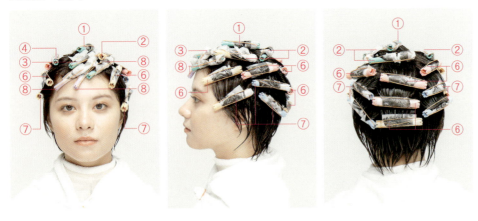

PERM DATA

1剤
アムラ由来のトリートメント処理剤で全体を前処理後、シスサルファイト系。巻き上がり後、10分放置

塗り方
その都度塗布

2剤
ブロム酸。5分5分の2度づけ

ロッド
ピンク(12ミリ)、ブルー(10ミリ)、グリーン(9ミリ)、パープル(8ミリ)

ワインディング
A メイン：毛先に柔らかい束感

巻き方
①中1.5＋0.5、②中1.5、③中1.5円太、④1.5＋0.25、⑤元3.5円細、⑥先1.5、⑦先1.25、⑧中1.25円太

PLAIN RINSE

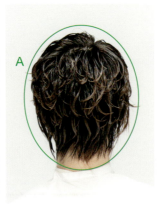

P59 Style #13　うねりと空気感をデザインする

Before

髪質　乾燥毛で全体に広がるクセあり。また顔周りに生えグセもある。
太さ　細め　　**毛量**　多め　　**ダメージ**　根元〜中間／ノーダメージ、毛先／ローダメージ
ケミカル履歴　毛先に中明度のカラーをした履歴あり。　　**カットベース**　バングのある重めのボブ

ROD ON

PLAIN RINSE

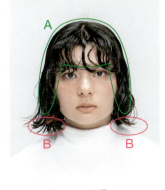
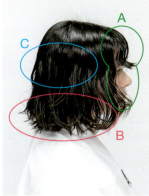
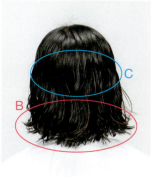

PERM DATA

1剤
アムラ由来のトリートメント処理剤で毛先を前処理後、根元付近〜中間：シスチオ系、毛先：サルファイト系。巻き上がり後、10分放置

塗り方
セクションごとにその都度塗布

2剤
ブロム酸。5分5分の2度づけ

ロッド
イエローグリーン（17ミリ）、オレンジ（13ミリ）、ピンク（12ミリ）、ブルー（10ミリ）

ワインディング
A メイン：顔周りと表面がアイロンを入れたようなカール感
B キー：すそのハネ感
C サポート：ミドルの馴染ませ

巻き方
①ツインウェーブ（R中2＋先1.5）、②中2＋025、③ツインウェーブ（R中2＋先1.25）、④R中2円太＋0.25円細、⑤Fスパ2円太、⑦先2（逆）、⑧先1.75（逆）

第6章
ロッドと回転数のアルゴリズム

P68 Style #14　顔周りのループ感でカーリーな印象に

Before

髪質 直毛　**太さ** 太め　**毛量** 多め
ダメージ ローダメージ（パーマ部）　**ケミカル履歴** ネープの毛先4センチにパーマがかかっている
カットベース トップにレイヤーの入ったマッシュボブ

P69 Style #15　立ち上がりとハネ感でつくるクセ毛風の質感

Before

髪質 直毛　**太さ** 太め　**毛量** 多め
ダメージ ローダメージ（パーマ部）　**ケミカル履歴** ネープの毛先4センチにパーマがかかっている
カットベース フロントがマッシュラインのウルフ

P70 Style #16　上出しカールでスリークな抜け感をつくる

Before

髪質 サラサラした直毛　**太さ** 太め　**毛量** 多め
ダメージ ノーダメージ　**ケミカル履歴** なし
カットベース 軽さのあるウルフ

第6章
Style #14
モデル解説

ROD ON

PLAIN RINSE

PERM DATA

1剤
シスチオ系。巻き上がり後、10分放置

塗り方
セクションごとにその都度塗布

2剤
ブロム酸。5分5分の2度づけ

ロッド
ブルー（10ミリ）、グリーン（9ミリ）、パープル（8ミリ）

ワインディング
A メイン：顔周りにコロンと入るカール
B キー：えり足のハネ感
C サポート：表面の大きく動くウェーブ

巻き方
①先2（逆）、②中2＋F1、③中2円太＋F1円細、④中2円太＋R1円細、⑤中1＋1、⑥中2円太＋1円細、⑦先3円細

TECHNIQUE

1 ネープは同じ厚みで3ブロックに分け取り、3つとも逆巻き（①／「巻き方」を参照。以下同）で巻く。

2 ネープの上は5つに分けて、さらにミドルは7ブロックで分け、すべて中間巻き（②）で巻く。

3 サイドは円すいを使った中間巻き（③）で巻く。逆サイドも同様に。

4 サイドの上側は巻き上げの方向を変えた中間巻き（④）で巻く。逆側も同様に巻いていく。

5 前髪は3ブロックで分け取り、センターは中間部にロッドを当て、⑤で巻く。両端はロッドを1段階上げて同様に巻く。

6 トップ下の顔周りに落ちる髪は、円すいを使った中間巻き（⑥）で巻く。

7 トップは円すいを使用し、毛先巻き（⑦）で巻く。

8 バックのトップ下は5ブロックで分け取り、まず円すいを使って③で巻き、

9 隣は巻き上げの方向を変え、④で巻く。

10 後に残ったトップを⑦で巻く。

第6章
Style #15
モデル解説

ROD ON

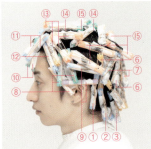

PLAIN RINSE

PERM DATA

1剤
パーマ部：シス系、根元とパーマ部以外：シスチオ系。巻き上がり後、10分放置

塗り方
セクションごとにその都度塗布

2剤
ブロム酸。5分5分の2度づけ

ロッド
オレンジ（13ミリ）、ピンク（12ミリ）、ベージュ（11ミリ）、ブルー（10ミリ）、グリーン（9ミリ）

ワインディング
A メイン：バングの毛流れとサイドのハネ感
B キー：えり足のうねり
C サポート：バックのなじませ

巻き方
①F上先1.75＋0.5、②F中2.5、③中2＋0.5、④F上先1.75＋0.5（逆）、⑤Fスパ2.5、⑥中1.5＋0.5（逆）、⑦Fスパ2円太、⑧先1.25、⑨先1.25（逆）、⑩F先1.5、⑪R先1.5、⑫R先1.5（逆）、⑬1.5円太＋0.5円細、⑭先上1.75、⑮F先1.75

TECHNIQUE

1 ネープは同じ厚みで5ブロックに分け取り、端を毛先上出し（①／「巻き方」を参照、以下同）で巻く。隣をフォワードの中間巻き（②）で巻く。

2 ネープのセンターは中間巻き（③）で巻く。逆側は端から①②でそれぞれ巻いていく。

3 その上は、8ブロックで分け、毛先上出し（④）とスパイラル（⑤）を交互に巻く。

4 ミドルは、7ブロックで分け、中間部にロッドを当て⑥で、隣をスパイラル（⑦）で巻く。これを交互に。

5 サイドは2つに分けて、毛先巻き（⑧）と逆巻き（⑨）で巻く。

6 その上は、3つに分けて端から⑧、⑧、⑨順で巻く。

7 前髪の内側は6つに分けて、センターがフォワードに⑩、隣がリバースに⑪、端が逆巻きの⑫で巻く。逆側2本も同様に⑪⑫を配置。

8 前髪の表面は3つに分け、⑩で巻く。

9 トップは、⑬で巻く。

10 クラウンは毛先巻き（⑭）で巻き、トップ下はフォワードに⑮で巻く。

第6章 Style #16
モデル解説

MODEL DATA BASE

ROD ON

PLAIN RINSE

 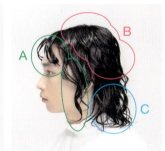 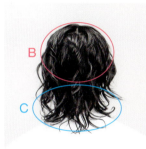

PERM DATA

1剤
シスチオ系。巻き上がり後、10分放置

塗り方
セクションごとにその都度塗布

2剤
ブロム酸。5分5分の2度づけ

ロッド
ライトブルー(15ミリ)、オレンジ(13ミリ)、ピンク(12ミリ)、ベージュ(11ミリ)、ロング:パープル(14ミリ)

ワインディング
A メイン:前髪と顔周りの抜け感のあるカール
B キー:トップのゆるやかなうねり
C サポート:ネープのナチュラルな外ハネ

巻き方
①中2円太+0.25円細、②上先1.5回転、③中2円太L+0.5円細L、④R中2+0.25、⑤R中2円太L+1円細L、⑥R中2円太L+0.25円細L、⑦先2(逆)、⑧F先2

TECHNIQUE

1 サイドは、円すいを使って巻き上げの中間巻き(①/「巻き方」を参照、以下同)で巻く。写真は中間部を2回転しているところ。

2 ①の巻き方の根元を巻き上げているところ。逆側も同様に巻く。

3 前髪の内側は2ブロックで分け、2本共に毛先上出し(②)で巻く。

4 前髪の表面も円すいの中間巻き(①)で巻く。

5 サイドの顔周りに落ちる髪は、ロング円すいの中間巻き(③)で巻く。

6 その下は方向を変え、④で巻く。逆側も同様に巻いていく。

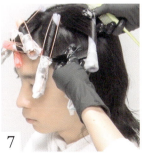

7 トップは4ブロックで分け取り、ロングの円すいを使い、すべてリバースの中間巻き(⑤)で巻く。

8 その下も4ブロックで分け、ロングの円すいで、すべて中間巻き(⑥)で巻く。

9 ネープは5ブロックで分けて、すべて⑦で巻く。

10 ミドルも5ブロックで分けて、すべて⑧で巻く。

SUMMARY
無造作パーマをデザインするための 8つのアルゴリズム

本書でご紹介した手技をマスターするために必要な
『ANTI』のパーマのアルゴリズムを一つにまとめました。
サロンでパーマのトレーニングする場合はもちろん自主練する場合などにも
そばに置いて常に確認することをおすすめします。

Algorithm #01
2ジャスで巻く際の"厚み"のアルゴリズム

ピボットポイントのところの毛束と、
巻きつけた中間から毛先の毛束の厚みを同じにする

Algorithm #02
ロッドと回転数のアルゴリズム

仕上がりをイメージして、
巻きつける毛束の長さ、回転数を想定してロッド径を選ぶ

Algorithm #03
ロッド構成のアルゴリズム①

ロッド構成は、「メイン」「キー」「サポート」の3要素で考える

Algorithm #04
ロッド構成のアルゴリズム②

ロッド構成の中に「抑揚」「リズム」を加えるとクオリティが上がる

8 Algorithms for Designing Natural Perm

Algorithm #05
デザイン発想のアルゴリズム
仮説思考を使って、新しい手技を開発する

Algorithm #06
女性像のアルゴリズム
昨今のデザインは、メインの女性像にスパイスとなるキーワードを加えて表現する

Algorithm #07
カットのアルゴリズム
ベースカットは重めにカットし、
削ぎはピボットポイントから徐々に軽くなるように入れていく。
また軽さは、同セクション内で統一する

Algorithm #08
削ぎのアルゴリズム
削ぎには、量感調整と質感調整の2つがある。
また量感質感にはセニングを用いることもあるが、
質感調整では基本、セニングは使わず、スライドカットかレザーで対応する

※本書『ANTI パーマのアルゴリズム』のサイトは、
コチラから閲覧できます。

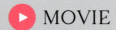 MOVIE

動画コンテンツでさらに理解を深めよう！

ここでは、本書に付属している動画コンテンツのリンクをすべてまとめています。
動画では手技のやり方はもちろん、アルゴリズムの考え方などの解説も収録しています。
本書とあわせて活用することで理解は倍増します！
じっくりと視聴してみてください。

第1章：ストランドの"厚み"のアルゴリズム

ストランドの厚みを考える上で、最も重要な「2ジャスの厚み」のアルゴリズムと、
『ANTI』の手技の中核となる「2回転の中間巻き」の方法についてまとめています。

▶ 動画へのリンクはこのQRコードから！

第2章："ロッドと回転数"のアルゴリズム

第1章で紹介した2回転の中間巻きから派生した、
「3回転の中間巻き」「2回転の中間巻き＋1回転」の手技の方法を解説しています。

▶ 動画へのリンクはこのQRコードから！

第3章："ロッド構成"のアルゴリズム

ロッド構成を考える時、一つのポイントとなる抑揚やリズムについてまとめ、
抑揚表現に有効な「毛先上出し」「毛先下出し」という2つの手技の方法を解説しています。

▶ 動画へのリンクはこのQRコードから！

Get further understanding with video contents!

第4章：パーマの"仮説思考"

新しい手技を開発する際に役立つ仮説思考について触れ、仮説思考から生まれた「リバース逆巻き」「フォワード逆巻き」の2つの手技と、同じく仮説思考から生まれた「ウレタン円すい」のつくり方とウレタン円すいを使った手技をお届けします。

▶ 動画へのリンクはこのQRコードから！

第5章：カットの"削ぎ"のアルゴリズム

こちらの動画コンテンツは、カットの削ぎについての解説です。
また昨今の重めカットと相性の良い「ツインウェーブ」の手技の方法をまとめています。

▶ 動画へのリンクはこのQRコードから！

後編 第2章：ケーススタディ

『ANTI』ならではのクルーマネジメントのケーススタディを3例お見せします。
サロンワークでスタイリストがアシスタントをどうマネジメントするかは必見の内容です。

▶ 動画へのリンクはこのQRコードから！

モデルデータベース

最後の動画コンテンツは、前編でご紹介したモデルのプロセスをご紹介します。
今回ご紹介のモデルは前編で解説している12の手技を主体にデザインされています。
手技の実践と復習に役立ててください。

▶ 動画へのリンクはこのQRコードから！

おわりに

最後までお読みいただき、ありがとうございました。

「アイロンで巻いたカールを、パーマで作ることは出来ないのか?」

「カラーとパーマの施術は、共存出来ないのか?」

私の『好奇心』と『閃き』の旅が始まりました。

「2回転の中間巻き」「2ジャス」「KPM 5つの柱」が、

旅の過程で生まれました。

すべての技術は、五感をフル回転させ、皮膚感覚を磨く事で生まれ続けていくと知らされました。

「KPM5つの柱」の話も、理解してしまえば、誰もが「そんなことか」と、思うことでしょう。

この本に掲載されている内容は、

「明日から使える技術」「即、明日からサロンの収益に繋がる技術」ではありません。

この本を学べば、それだけで身に付くとは思わないで下さい。

技術とは、常に自分の工夫を加えて進化させていくものです。

皆さんも指の感覚を研ぎ澄まし、新たな『閃き』と出会って下さい。

誰かに技術を説明するように、口に出して練習したり、異なるダメージケースを想定して、

ストランドの厚みや、薬剤選定のベストを複数人でディスカッションしながら、

カールの楽しさを感じ、身に付けていって下さい。

いつか指先が『答』を教えてくれるようになります。

『好奇心』と『閃き』が、新たな発見を生み、私達を成長させ続けてくれるでしょう。

ANTI

小松利幸

Hair Design & Technique, Theory

小松利幸

1962年生まれ。国際理容美容専門学校卒業後、1995年12月24日、表参道に『ANTI』をオープン。ユニークな発想から生み出される数々の技術で日本のパーマシーンを今も牽引している稀有な存在。志高く、情熱を持って美容と向き合い、今でも誰より美容を楽しんでいる。

Hair Design & Technique
CHII
KAORI
YUKA
RYOKA

Make-Up
HANAKA
KAHO
MAI
MIYU
from ANTI

Art Director
細野隆博（Dynamite Brothers Syndicate）

Designer
石戸耕介（Dynamite Brothers Syndicate）
若松杏奈（Dynamite Brothers Syndicate）
前川亮介

Photographer
新 龍二（SHINBIYO）

Editor
熊谷智明（SHINBIYO）

無造作はデザインできる
ANTI パーマのアルゴリズム

定価（本体9,000円＋税）検印省略
2025年4月30日（第一刷発行）

著者	小松利幸 ANTI
発行人	長尾明美
発行所	新美容出版株式会社
	〒106-0031　東京都港区西麻布1-11-12
編集部	TEL：03-5770-7021
販売発送営業部	TEL：03-5770-1201　FAX：03-5770-1228
為替	00170-1-50321
印刷・製本	TOPPANクロレ株式会社
	ANTI & SHINBIYO SHUPPAN Co.,Ltd
	Printed in Japan 2025
ホームページ	https://www.shinbiyo.com

本の記事および写真等の無断転載・複写を禁じます。万一、乱丁、落丁がございましたら、弊社にてお取替えいたします。この本に関するご意見、ご感想、また単行本全般に対するご要望などを下記メールアドレスでも受け付けております。
post1@shinbiyo.co.jp